Khaty Soltani
und Angelika Kleffel

Französisch für Besserwisser

...oft ist es nur der kleine Unterschied

I. Band

Schmetterling Verlag

Bibliografische Informationen *Der Deutschen Bibliothek*
Die Deutsche Bibliothek verzeichnet diese Publikation in
der Deutschen Nationalbibliografie;
detaillierte Daten sind im Internet über
http://dnb.ddb.de abrufbar

Für Gerhard
Für Inge und Hellmut
An alle unsere Kursteilnehmerinnen und Kursteilnehmer,
ohne die dieses Buch nicht entstanden wäre.
Unser herzlichster Dank gilt allen,
die durch ihre Anregungen und Einsatz unser Projekt unterstützt haben.

Schmetterling Verlag GmbH
Lindenspürstr. 38b
70176 Stuttgart
www.schmetterling-verlag.de
Der Schmetterling Verlag ist Mitglied von aLiVe

ISBN 3-89657-368-3
2., durchgesehene Auflage 2006
Printed in Germany

Illustrationen: Albrecht Strohn
Satz und Reproduktionen: Schmetterling Verlag
Druck: GuS-Druck GmbH, Stuttgart
Binden: IDUPA, Owen

Inhalt

Vorwort
Oft ist es nur der kleine Unterschied

«Deutsche Sprache – Befehlssprache», verkünden mit gewisser Ironie die Franzosen und meinen, damit dem Grundrezept der deutschen «Hausmannkost» auf die Schliche gekommen zu sein. «Französische Sprache – schöne, komplizierte Sprache» verkünden hingegen frustriert die Deutschen, in der ebenso traurigen wie trügerischen Gewißheit, die «belle cuisine» des Französischen nur mühsam verstehen zu lernen.

Dabei ist es nicht nur das völlig Fremde an der anderen Sprache, an dem wir besonders zu knabbern haben. Also zum Beispiel der Mangel an vergleichbaren Mustern und Strukturen, wie etwa bei den Artikeln, wo zwischen *le-la-der-die-das* bestimmte Gesetzmäßigkeiten meistens erfolglos gesucht werden; wie etwa bei der unterschiedlichen Zeitauffassung, wo der sogenannten deutschen «Pünktlichkeit» das sogenannte französische «Laisser faire – laisser aller» gegenübersteht; wie etwa bei den Tücken des Wollens, wo die Deutschen es so wollen, wenn die Franzosen es lieber anders hätten.

Vielmehr ist es oft der kleine Unterschied, der uns den Appetit auf die Sprache des Nachbarn verdirbt! Er führt zu größter Verwirrung oder – im günstigeren Fall – zu ungeahnter Heiterkeit. Er bildet das Gewürz des Alltags und serviert uns einen bunten Eintopf an Mißverständnissen.

Allein bei der Aussprache liefert er eine Anzahl köstlicher Beispiele. Der Garçon im Restaurant versteht oft «Haarschopf», wenn Deutsche «chö fö» (*cheveux* statt *je veux*) sagen, eigentlich jedoch «je voudrais» meinen. Die sogenannten falschen Freunde, Wörter die letzlich eine andere Bedeutung haben, als man ihnen gemeinhin zuschreibt, verleiten beispielsweise Deutsche dazu, sich als Amateure der französischen Küche mißzuverstehen, wenn sie von Franzosen als *amateurs de la cuisine française* bezeichnet werden.

Geht es um Aussprache,Teilen, Danken, Verabschieden, Planen sind übrigens Worte und Gepflogenheiten nicht nur zwischen Franzosen und Deutschen, sondern auch zwischen den einzelnen Bevölkerungsschichten verschieden. Auch da stoßen wir immer wieder auf den kleinen Unterschied...

Aus unseren Erfahrungen heraus, die seit 1982 im Stuttgarter Raum ihren Lauf nehmen, haben wir uns für dieses Buch Brocken herausgepickt, an denen sich Französisch lernende, sogar gut Französisch sprechende Deutsche immer wieder verschlucken.

Wir haben uns vorgenommen, diese Brocken für deutsche Feinschmecker mundgerechter und schmackhafter, möglichst gar zu kleinen Köstlichkeiten zu machen, indem wir erklären, wann und warum das Schlucken schmerzt, wie dem Schmerz vorzubeugen oder wie er zu vermeiden ist.

Unsere zugegeben sehr persönlichen Menüs sind nicht in einer wissenschaftlichen Versuchsküche entstanden. Sie sind vielmehr das vorläufige Ergebnis unserer Beobachtungen als engagierte und begeisterte Französisch-Lehrerinnen.

Bei der Abfolge der Kapitel haben wir auf eine bunte Speisenfolge zwischen konzentrationsintensiven und lockeren Einheiten zur Entspannung geachtet.

Jedes Kapitel besteht aus einem «theoretischen Teil» mit heiteren Illustrationen, wo die trockene grammatische Grundlage erzählerisch gewürzt wird – aus einer Art Dialog zwischen der französischen und der deutschen Sprache. Es folgen die passenden Lektüren und Übungen sowie ein Anhang, in dem relevante Ausdrücke und Wörter erklärt werden und Lösungen für die Übungen vorgeschlagen werden.

Am meisten von diesem Buch werden diejenigen haben, die schon recht gut Französisch können, die «Besserwisser» eben.

Wenn Sie nach dem Aufschlagen des Buches Lust auf mehr bekommen haben, wünschen wir Ihnen jetzt schon «Bon appétit» beim Kosten der einzelnen Kapitel.

Khaty Soltani und Angelika Kleffel
Stuttgart

Einleitung

Zielgruppe Deutsche, die Französisch lernen und sich fragen, weshalb manches im Französischen so anders, so komisch, so schwer ist;	Ce livre s'adresse aux Allemandes et Allemands qui apprennent le français et se demandent pourquoi certaines choses sont si différentes, si étranges et si difficiles;
die in die Sprache wieder einsteigen und Grundregeln vergessen haben;	qui souhaitent une remise à niveau et ont oublié certaines règles élémentaires;
die nie wissen, was Sie in den trivialsten Situationen sagen sollen/müssen;	qui ne savent jamais ce qu'il faut dire dans les situations les plus banales;
die Französisch gelernt haben und im Selbststudium fit bleiben bzw. werden wollen;	qui veulent en autodidactes atteindre ou conserver un bon niveau;
die Französisch lehren und die wissen, wie schwierig es ist, Deutschen bestimmte Eigenheiten des Französischen beizubringen;	qui enseignent le français et savent combien il est difficile de faire assimiler certaines particularités de cette langue;
die Französisch schon gut können, und Spaß an Sprachspielereien haben;	qui maîtrisent déjà le français et prennent plaisir à jouer avec la langue;
die ihre Französisch-Kenntnisse auf unkonventionnelle Art aktualisieren und erweitern wollen.	qui ont envie d'actualiser et d'élargir leurs connais- sances de façon originale.

I. Kapitel

Von den falschen Freunden und anderen Scheinheiligen

Baskenmütze, Baguette, Rotwein, Gauloise. Ein paar Striche drum herum, und schon haben Sie das fast perfekte Bild vom Franzosen, wie er im Bilderbuch steht. Wir aber – vermutlich verrate ich Ihnen damit nichts Neues – sehen uns ganz anders. Manche Charakterzüge mögen ja auf den einen oder anderen von uns zutreffen, deshalb muß das Gesamtbild noch lange nicht stimmen.

Ganz ähnlich verhält es sich mit den sogenannten falschen Freunden: Wörter bei denen man meint, man habe sie gleich erkannt, weil sie große Ähnlichkeit mit Begriffen der eigenen Sprache aufweisen. Und schließlich ist die Überraschung groß, wenn man erkennt, was hinter dieser vermeintlichen Transparenz steckt!

Einverstanden, ein Masseur ist *un masseur*, eine Armee *une armée* und ein Baguette *une baguette*!

Aber dann... ist *un amateur* deshalb noch lange kein Dilettant.

Amateur. Er ist der Liebhaber, celui ou celle qui aime. Et si les amateurs et amatrices de bon vin et de bons plats sont nombreux, tous ne sont pas pour autant des cuisiniers confirmés, *des cordons-bleus*.

Cordon-bleu. So nennen wir eine hervorragende Köchin. Meine Großmutter war *un vrai cordon-bleu*, unter anderem bekannt für ihre Weihnachtspute, s*a dinde de Noël aux marrons*. Eine französische *pute* ist übrigens in der Umgangsprache ein leichtes Mädchen. Und wenngleich Prostituierte als Konsumgüter gelten, ist es glücklicherweise bei uns noch nicht gang und gäbe, sie zu verspeisen. Zwar kommen sie aus einem gewissen *Milieu*: Aber wer tut das nicht?

Milieu. *Les milieux* de la banque sont-ils toujours plus honorables que *Le Milieu,* celui de la mafia? À propos de la mafia, elle n'est pas forcément sicilienne. Et je vous asssure que la mafia toulousaine n'a rien à envier à la mafia marseillaise qui jouit elle aussi d'une solide réputation avec ses règlements de compte, sa drogue et ses *bordels*.

Bordell. Seit Anfang des zwanzigsten Jahrhunderts sind *les bordels* in Frankreich verboten – genauso wie die Prostitution. Was natürlich nicht heißt, daß es keine gibt... Eine andere Art Bordell finden Sie aber ohne weiteres.
Qui a mis *ce bordel?*
Chez lui tout est *en bordel!*
C'est un vrai *bordel!*
Rangez-moi *ce bordel!*
haben Sie vielleicht schon gehört! Diese Behauptung gibt keine Auskunft über den Lebenswandel des betreffenden Menschen. Vielmehr bedeutet es, daß alles auf dem Kopf steht, daß die größte Unordnung herrscht: Also es ist ein wahres Chaos! Dabei benützen wir das Wort Chaos selten, sowenig wie das Adjektiv chaotisch.

Une personne en tous les cas n'est pas chaotique, mais entre autre *bordellique!*

Mais revenons à nos moutons, ou plutôt à nos grandes dames de petite vie, zu unseren deutschen käuflichen Mädchen, die auch in den *Cafés* zu finden sind.

Café. Egal welchen gemütlichen Ort Sie sich aussuchen, um sich in Frankreich mit jemandem zu treffen, eine Bar oder ein Café, vergessen Sie dabei nicht, daß ein deutsches Café ein französischer *salon de thé*, ein französisches *café* eine Kneipe und eine Bar *un bar* ist. Une chose est de toute façon claire: lors d'une rencontre *la politesse* est de mise.

Politesse. Wenn Sie mit dem Auto unterwegs sind, nehmen Sie sich in acht vor Politessen. Manche von ihnen mögen die Regeln der Höflichkeit, *les règles de la politesse,* beherrschen, sie sind nichtsdestotrotz bereit, ihre Arbeit ohne Kompromisse durchzuführen. Sie, l*es contractuelles*, appelées aussi *aubergines* ou *pervenches* à cause de la couleur de leurs uniformes, haben keine Scheu vor falsch geparkten Autos.

Parken. Parken Sie dann in einem *parking couvert*, einem Parkhaus. Ou bien mettez votre voiture au garage. Dabei meine ich natürlich in die eigene Garage und nicht in die Autowerkstatt. Beim Parken lassen Sie aber die Finger weg von *parquer*. *Parquer* wendet man nur für das Einpferchen von Schafen an. *Se garer* par contre est moins problématique et ne gêne personne, à moins, que vous ne vous soyez garé en stationnement interdit. Ce qui pourrait vous revenir très cher. Wenn Sie das Glück haben, eine Parklücke oder einen Parkplatz *une place (de stationnement)* vor einer *boulangerie-pâtisserie* zu finden, zögern Sie nicht. *Garez-vous* correctement, à la française évidemment, sans épargner les pare-chocs des voitures devant et derrière vous. Steigen Sie aus und lassen Sie sich von unseren *tartes* und *croissants* verführen.

Torte und ***Croissant***. Sie sollten in einer Bäckerei bzw. Konditorei Ihrer Sache sicher sein, wenn Sie nach Ihrem Wunsch gefragt werden. Eine Torte ist keine *tarte*, sondern *un gâteau à la crème* oder *aux fruits*. *La tarte* ist, in der Regel, ein für deutsche Verhältnisse recht mickriger flacher Obstkuchen, ein millimeterdünner Boden, mit Früchten verziert. Je nach Jahreszeit oder Laune können Sie *une tarte aux pommes, aux poires, aux fraises, aux abricots, aux framboises* bestellen ou une *tarte tatin*. *Une tarte* kann gegebenenfalls auch nicht nach Ihrem Geschmack sein. Wenn Sie bei einem Streit hören:

«Si tu continues, *je te mets une tarte*», sollten Sie wissen, daß dieser nicht sehr elegante Ausdruck eine klangvolle, aber bittere Angelegenheit beschreibt, eine Ohrfeige nämlich. *Le croissant* ist in Deutschland für niemanden mehr ein Geheimnis. *Aux amandes* ou *aux noisettes*, il fait le bonheur des petits et des grands. Aber ein Schokocroissant suchen Sie in Frankreich vergeblich. Höchstens *un pain au chocolat* oder, wie wir in Frankreichs Südwesten sagen: *une chocolatine*.

Baiser. Eine Konditorei liefert uns Besserwissern eine Fülle von knusprigen Spezialitäten. In Straßburg verspürte eines schönen Tages eine deutsche Touristin süße Gelüste. Sie ging in eine *Pâtisserie* und verlangte *un baiser*, einen Kuß. Sie meinte damit *une meringue*, in manchen Gegenden Deutschlands auch «Baiser» genannt. Die Ahnungslose nahm die Meringue entgegen, unter den überraschten und belustigten Blicken der umstehenden Elsässer. Übrigens, wer küssen will, darf *embrasser* oder *faire la bise*, jedoch auf gar keinen Fall *baiser,* ein sehr direktes Verb für den Sexualakt, sagen. Und wer lieber umarmt, *prend dans ses bras*.

Zahlen Sie Ihre süßen Stückchen mit großen Scheinen, dürfen Sie kein *retour* erwarten!

Retour. Das bedeutet zweifellos die Rückkehr. Aber eben nicht die von Geld, in Form von Kleingeld oder Wechselgeld. Sondern eher die Rückkehr des verlorenen Sohnes: *le retour de l'enfant prodigue*. Das Kleingeld oder Wechselgeld, das man bekommt, heißt *la monnaie*. Qu'il nous rende la monnaie, c'est le moins qu'on puisse attendre d'un commerçant honnête. Und in manchen Läden ist es sogar möglich, Wechselgeld zu holen, *aller faire/chercher de la monnaie*, ohne zum Kauf gezwungen zu werden. Im übertragenen Sinne heißt aber *rendre la monnaie de sa pièce*, jemandem mit gleicher Münze heimzahlen. Ein *porte-monnaie* ist übrigens nichts anderes als ein Behälter, in dem Geld getragen wird. Und *monnaie* heißt auch Währung. Um diese Geldgeschichten zu beenden, lassen wir sie jetzt in einem *Tresor* verschwinden.

Tresor. Sich einen Tresor zu mieten, kann eine sinnvolle Sache sein. Sollten Sie allerdings in Frankreich versuchen, einen *trésor* zu mieten, werden Sie möglicherweise Kopfschütteln ernten. Wie kann man auch einen Schatz mieten? Sei es nun die Person, die ich liebe und *trésor* nenne, oder den Schatz *le trésor* von meinetwegen der Schatzinsel. Für Ihre Wertgegenstände hingegen empfehle ich Ihnen *un coffre*.

Koffer. Non, ce n'est pas *le coffre* – Tresor oder Kofferraum. C'est *la valise!* Dieser Reisekoffer, den wir, hilfsbereit, wie wir nunmal sind, tragen, wenn wir am Bahnhof Opas und Omas – *papis et mamies* – sehen, die zu schwach sind, um ihn selbst zu schleppen.

Papis und ***Mamies***. Auch wir Franzosen haben unsere *papis* und *mamies*! Nur sind sie etwas älter als die deutschen. Nicht etwa, daß die Franzosen später daran sind mit dem Kinder zeugen. Oh nein! Aber *papis* und *mamies* sind bei uns die Großeltern, die manchmal auch *pépé* oder *mémé* genannt werden. In meiner Heimat, in Südwest-Frankreich, verbinden wir das Gespann *pépé-mémé* eher mit Großeltern auf dem Land. Grand-père und grand-mère existieren aber auch und sind ebensowenig zu vernachlässigen wie die ...

Onkel und Tanten. Noch ist die Famile in Frankreich bekanntlich intakter als in Deutschland. Was sich hinter einer solchen Behauptung auch immer verbergen mag. Unseren Onkel nennen wir *oncle* oder, lieb ausgedrückt: *tonton*. So wurde unter anderem Staatspräsident Mitterand von der französischen Bevölkerung getauft. Das weibliche Pendant dazu ist *tata* oder *tatie,* ein kindliches Wort für Tante. Die berühmteste Tante Frankreichs war wohl die *Tante Yvonne,* Gattin des früheren Präsidenten Général de Gaulle. Oft frage ich mich, warum wir Franzosen wohl dazu neigen, unsere Regierenden als Familienmitglied zu betrachten... Tatsache ist, unsere Familie ist noch etwas wie ein Heiligtum. Deshalb würden wir uns nie die abfällige Bemerkung erlauben: «Hast Du diese Tante da drüben gesehen?» Und wenn schon hieße es: *Tu as vu la nana/nénette, là-bas?*

Und mit *Tata* wird in der Umgangssprache auch ein Homosexueller bezeichnet. Das ist aber nur bedingt abwertend, eher ein wenig belustigend gemeint. Fällt Ihnen dazu ein deutsches *Pendant* ein?

Pendant. Das französische *pendant* ist keineswegs das Pendant zum deutschen Ausdruck, sondern ein Ohrring. Sprechen Sie von zwei zusammengehörigen Gegenständen, verwenden Sie beispielsweise l'objet correspondant. Geht es um Personen in gleicher Position, dann sagen Sie *son homologue*: «Monsieur Duchnoque, Ministre de Machinchose, a profité de la réunion pour nous présenter *son homologue anglais.* Entre nous soit dit: un vrai *pédant!*»

Pedanten. Denn wir können sie gar nicht leiden: *les pédants*. Diese Leute führen in Frankreich nicht unbedingt alles mit peinlicher, kleinlich wirkender Exaktheit aus. Dies ist das Los des deutschen Pedanten. Solche heißen bei uns *maniaques:* Wesen, die den anderen das Leben durch ihre zwanghafte Verhaltensweise, *leurs manies*, schwer machen. Der französische *pédant* zeichnet sich dagegen dadurch aus, daß er eingebildet und affektiert ist. Das Wissen, das er hauptsächlich Büchern verdankt, bringt er mit einem sehr hohen Maß an Selbstgefälligkeit an die Öffentlichkeit. Ein *rendez-vous* mit einem solchen Menschen zu haben, macht gar keine Freude. Es sei denn, man bewegt sich auf der gleichen Ebene, man ist aus demselben Garn gestrickt, *on est du même acabit*.

Rendez-vous. Da werden die einen staunen und erleichtert sein, während ich den anderen vielleicht eine bittere Enttäuschung bereiten muß. Sollten Sic ein *rendez-vous* in Frankreich haben, brauchen Sie sich nicht unbedingt große Hoffnungen zu machen. Die Dame oder der Herr haben mit Ihnen persönlich vielleicht gar nichts am Hut. Ein *rendez-vous* kann freilich romantischer Natur sein, aber es kann auch ganz anderen Zwecken dienen. Es bedeutet im Grunde genommen nichts anderes als einen Termin, eine Verabredung. *Avoir rendez-vous chez le dentiste* war für mich noch nie Anlaß zur Freude, obwohl mein Zahnarzt ein sehr freundlicher Mensch ist und ich auch nie ohne Herzklopfen seine Praxis aufsuchte. Anders ging es mit meinem Frisör. Aujourd'hui encore, je préfère de beaucoup avoir rendez-vous chez le coiffeur que chez le dentiste. Une fois mon rendez-vous fixé, je ne suis pas constamment tentée de le reporter ou de l' annuler. Et les heures passées au salon de coiffure me laissent un bien meilleur *souvenir* que celles passées au cabinet dentaire.

Souvenirs. Natürlich sind es diese Mitbringsel, kitschig oder nicht, billig oder teuer, die man in den Urlaubskoffern mit sich herumschleppt. Aber es sind auch die Gedanken, die in Erinnerung bleiben: *les choses dont on se souvient*. Und als Yves Montand sang:
«Les feuilles mortes se ramassent à la pelle,
Les souvenirs et les regrets aussi...»
dachte er sicherlich nicht daran, die Gegenstände wegzuschaufeln, die er einst vom Urlaub mitbrachte, die im *souterrain*, in irgend-

einem Regal gestapelt wurden, weil nach der Rückkehr keiner wußte, was er mit dem Zeug, *Kruscht*, wie meine schwäbischen Freunde sagen, anfangen sollte...

Souterrain. Dieses Wort ist für mich voller dunkler Geheimnisse. Ich sehe sogleich ein finsteres Loch vor mir in der Erde, das im Niemandsland endet und das schon vielen Helden, Verbrechern oder Spionen die Möglichkeit gab, sich in Sicherheit zu bringen. Denn *un souterrain* ist im Französischen ein unterirdischer Gang, bei dem die wenigsten auf die Idee kämen, dort ihre Kartoffellager anzulegen oder einen Weinkeller einzurichten, höchstens eine Proviantreserve. Der Keller, und nicht nur der Weinkeller, ist *la cave*. Et si la plupart des Français ont une cave, il n'est pas dit que tous aient pour autant une cave à vin digne de ce nom!

Lassen Sie uns jetzt die Gelegenheit nutzen, auf unsere Freunde anzustoßen – auf die echten wie die falschen. *À votre santé!*

Anhang zum Haupttext

être plus honorable que: ehrenhafter/vertrauenswürdiger sein

n'avoir rien à envier à: hier: mit jemandem/etwas rivalisieren können

jouir d'une solide réputation: einen guten Ruf genießen

bordel, bordellique: Chaos, chaotisch. Umgangssprache

revenons à nos moutons: kommen wir wieder zur Sache

la politesse est de mise: Höflichkeit ist angebracht

la pervenche: fleur de couleur bleue, Immergrün

revenir très cher: sehr teuer werden

sans épargner les pare-chocs: ohne Rücksicht auf Stoßstangen

selon la saison ou votre humeur: je nach Jahreszeit oder Laune

faire le bonheur des petits et des grands: Große und Kleine, Junge und Alte glücklich machen

croissant aux amandes ou aux noisettes Croissant: mit Mandel- oder Nußfüllung

c'est le moins qu'on puisse attendre: es ist das Mindeste, was man erwarten kann

Duchnoque: Dingsbums

Machinchose: ersetzt den Namen einer Sache oder einer Person, die man nicht benennen kann. Für eine Person ist es das Synonym von Duchnoque.

profiter de la réunion pour: die Sitzung nutzen, um etwas zu tun

être tenté de: versucht sein

reporter un rendez-vous: einen Termin verschieben

pour autant: deswegen

avoir une cave digne de ce nom: einen Weinkeller haben, der diesen Namen verdient.

Lektüre I

Pour les amateurs de vin, quelques lignes destinées à leur donner bonne conscience, s'ils en ont besoin:

In vino veritas

In vino veritas, mes frères
Dit un vieux proverbe latin

Dieu pour nous faire aimer nos verres
Mit la vérité dans le vin

Le vin est un bien suprême
Et d'un vieux buveur, voici l'idée

Ce n'est pas le vin que j'aime
Mes amis, c'est la vérité.

Lektüre II

Wenn wir in Frankreich von Souvenirs sprechen, kommt uns das Gedicht «Les feuilles mortes» von Jacques Prévert in den Sinn, einem sehr beliebten Dichter. Dieses, u.a. von Yves Montand selig als Lied vorgetragene, Gedicht kennt jeder Franzose. Die zwei ersten von insgesamt vier Strophen bringen wir Ihnen hiermit näher:

Les feuilles mortes

Oh! je voudrais tant que tu te souviennes
Des jours heureux où nous étions amis.
En ce temps-là la vie était plus belle
Et le soleil plus brûlant qu'aujourd'hui.
Les feuilles mortes se ramassent à la pelle.
Tu vois, je n'ai pas oublié...
Les feuilles mortes se ramassent à la pelle
les souvenirs et les regrets aussi.
Et le vent du Nord les emporte dans la nuit froide de l'oubli.
Tu vois, je n'ai pas oublié la chanson que tu me chantais.

C'est une chanson qui nous ressemble.
Toi tu m'aimais et je t'aimais.
Nous vivions tous les deux ensemble

toi qui m'aimais
moi qui t'aimais.
Mais la vie sépare
ceux qui s'aiment
tout doucement
sans faire de bruit.
Et la mer efface sur le sable
les pas des amants désunis....

Anhang zur Lektüre II

en ce temps là: damals

plus brûlant: glühender

se ramasser à la pelle: zusammenschaufeln

à la pelle: haufenweise, umgangsprachlich. *Ils ont des contrats à la pelle* heißt, daß sie sehr viele Aufträge haben.

les regrets: Leid, Bedauern. On dit souvent qu'il vaut mieux avoir des remords que des regrets: d.h. es ist besser, etwas zu bereuen, was man getan hat, als zu bedauern, was man nicht gemacht hat.

l'oubli: das Vergessen

effacer: löschen

le pas: der Schritt, hier: die Spur

les amants désunis: entzweite Liebhaber

Hätten Sie gerne eine vollständige deutsch-französische Fassung des Gedichtes, so legen wir Ihnen das Buch «Gedichte» von Jacques Prévert, in der schönen Übersetzung von Kurt Kusenberg ans Herz.

Formulierungsübungen

I Übersetzung: Mein lieber Vetter

1. Mein lieber Vetter genießt einen unzweifelhaften Ruf in unserer Familie: Er ist ein hoffnungsloser Fall.

2. Egal wo er sich befindet, überall herrscht Unordnung.

3. Er weiß nicht, was das Wort «Höflichkeit» bedeutet.

4. Machen Sie mit ihm einen Termin um halb drei in einer Kneipe aus, kommt er um vier.

5. Er hat einen Tresor bei der Bank, weiß aber nicht mehr, wo der Schlüssel ist.

6. Er parkt in einem Parkhaus und vergißt, auf welcher Ebene er geparkt hat.

7. Er arbeitet an der Kasse eines Supermarktes und irrt sich beim Geldrausgeben.

8. Was kann er dann? Auf einer öffentlichen Bank Mädchen küssen, scheint's.

II Noch mehr falsche Freunde

Haben Sie Lust, weitere *faux-amis* kennenzulernen? Nennen Sie die deutschen Begriffe für:

1. La batterie
2. La démonstration
3. La chicorée
4. La messe
5. La date
6. La pilule
7. Les données
8. La révision
9. Adieu

III Versuchen Sie nun zu übersetzen

1. Ich muß eine (Auto-)Batterie kaufen.

___

2. Am Schlagzeug ist er unschlagbar.

___

3. Schatz, kannst du die Batterie meiner Uhr wechseln lassen?

___

4. Wollen Sie die Antibabypille nehmen?

___

5. Die Franzosen aromatisieren ihren Kaffee manchmal mit Zichorie.

___

6. Der Chicorée ist teuer.

___

7. Von wann stammen diese Daten?

___

8. Nenne mir ein Datum für unsere Verabredung!

___

9. Diese Beweisführung ist sehr gut.

____

10. Wir haben die (elektronischen) Daten von der Polizei erhalten.

____

11. Diese Messe dauert eine Woche.

____

12. Wo liegt der Unterschied zwischen dem katholischen und dem evangelischen Gottesdienst?

____

13. Die Demonstration ist verboten.

____

14. Die Autoinspektion findet morgen statt.

____

15. Die Änderung des Vertrages ist notwendig.

____

16. Müssen wir Ihnen schon «Auf Wiedersehen» sagen?

____

Vorschläge zu den Formulierungsübungen

I Übersetzung: Mon cher cousin

1. Mon cher cousin jouit d'une solide réputation au sein de notre famille: c'est une calamité!
2. Partout où il passe, il met le bordel.
3. Il ne sait pas ce qu'est la politesse!
4. Vous lui donnez rendez-vous à deux heures et demie dans un café, il arrive à quatre heures!
5. Il a un coffre à la banque, mais ne sait plus où il a rangé la clé.
6. Il met sa voiture au parking couvert et oublie à quel niveau il s'est garé.
7. Il travaille à la caisse d'un supermarché et se trompe en rendant la monnaie.
8. Qu'est-ce qu'il sait faire alors? Embrasser les filles sur un banc public, paraît-il!

II Encore plus de faux-amis

1. La batterie: Autobatterie; Schlagzeug
2. La démonstration: Beweisführung
3. La chicorée: Zichorie
4. La messe: Messe oder Gottesdienst
5. La date: Datum und nicht Daten
6. La pilule: (Antibaby-) Pille
7. Les données: Daten
8. La révision: Inspektion beim Auto, Änderung
9. Adieu: Lebe(n) (Sie) wohl!

Aber:
L'endive (f.): Chicorée
La foire: (Handels-) Messe
La manifestation: Demonstration/Massenkungebung
La pile: Batterie
L'inspection (f.): Inspektion, Besichtigung, Aufsichtsbehörde

III Versuchen Sie nun zu übersetzen:

1. Je dois acheter une batterie.
2. À la batterie, il est imbattable.
3. Chéri, tu peux faire changer la pile de ma montre?

4. Vous voulez prendre la pilule?
5. Les Français aromatisent parfois leur café avec de la chicorée.
6. Les endives sont chères.
7. Quelle est la date de ces données?
8. Donne-moi une date pour notre rendez-vous!
9. Cette démonstration est très bonne.
10. Nous avons eu les données informatiques de la police.
11. La foire exposition dure une semaine.
12. Quelle est la différence entre la messe et le culte?
13. La manifestation est interdite.
14. La révision de sa voiture a lieu demain.
15. La révision du contrat est nécessaire.
16. Devons-nous déjà vous dire «Au revoir»?

Zur Messe bzw. zum Gottesdienst: *La messe* est la forme catholique du *culte évangélique* qui, pour les catholiques n'est pas très catholique! Denn: «ne pas avoir l'air très catholique» heißt «spanisch vorkommen»!

Zu *adieu*: wird als lockerer Gruß oder Verabschiedung in der Umgangssprache benützt.

Es heißt aber, daß man sich «bei Gott» wiedertreffen wird: nach dem Tod, in einem anderen Leben. Was richtig dramatisch wäre. Deshalb sage ich Ihnen nicht *adieu,* sondern *au prochain chapitre*!

II. Kapitel

An ihrer weichen Aussprache und komischen Akzenten werden Sie sie erkennen

An ihrer weichen, *h*-losen und singenden Aussprache werden Sie sie erkennen – die Franzosen, wenn sie Deutsch sprechen. Und an ihrer unerschütterlichen Vorliebe, alles zu binden: «Kommternischtnachaus?»

Und an ihrer Aussprache, die das ganze ausgeklügelte System der langen und kurzen Vokale gedankenlos durcheinanderbringt: «Jaa, Iischö komöö aus Frankraiichöö. Iischö biiinö Französiiischöö.»

Und die Deutschen? Was bringen sie hervor, selbst jene, die seit vielen Jahren fleißig Französisch sprechen? Das *e*, das sie als [é] sprechen, eine abgehackte Sprachmelodie, eine gutturale Aussprache und ein lustiges Gewirr der stimmlosen und stimmhaften Konsonanten. Ob Georges, Victor, Jean und die Erdbeeren sich in ***Ch**ai d**é**mand**é** à **Ch**orch**é** et à **F**ictor d'aller ach**é**ter des fraiss**é**s chez **Ch**an* wiedererkennen?

Das erinnert mich an einen Witz, der über die Leute aus der Auvergne, einer sehr ländlichen Gegend, kursiert. Die Armen tun sich ebenfalls schwer mit der Aussprache des *s*, ähnlich wie unsere germanischen Nachbarn, und doch wieder ein bißchen anders. Sie sind berüchtigt, *che* statt *s* zu sagen. Also dann: Ein Auvergnat fliegt nach Jerusalem mit der israelischen Fluggesellschaft El Al. Als er einsteigt, begrüßt ihn die Stewardess mit einem charmanten «Guten Tag»: *Shalom*. Worauf unser Weltmann verärgert, *Sale homme* genannt zu werden, mit *Sale femme* [chale femme] antwortet.

Vom Vibrieren

Na ja, es gibt auch in Frankreich bessere Witze, und deshalb wenden wir uns schnurstracks der entscheidenden Frage zu: Was sollen sie denn nur tun, die armen Deutschen, die geradezu notorisch das Stimmhafte ins Stimmlose verwandeln?

Aus Liebe zur Sprache sollten sie ihre Stimmbänder zittern und vibrieren lassen. Es gibt einen Trick, der mich immer wieder in Staunen versetzt, weil er sehr gut funktioniert: Um das Gefühl für das Stimmhafte zu bekommen, meine Damen und Herren, sprechen Sie bitte hintereinander die stimmlosen und die entsprechenden stimmhaften Konsonanten laut. Dabei legen Sie ihre Hand an die Kehle, schließen die Augen und konzentrieren sich auf den vibrierenden Laut der stimmhaften Konsonanten: *g/j/b/v*. Wenn Sie Lust haben, können Sie jetzt weiter probieren: *cadeau/gâteau, port/bord, pêcher/berger, champs/gens-Jean, frais/vrai*.

Ich jedenfalls finde es verblüffend, welches kleine Wunder so eine einfache Bewegung vollbringen kann. Nun kann man leider nicht ständig die Hand auf den Hals legen, um zu summen! Tatsache ist jedoch, daß diese Lautunterschiede manchmal zu ernsthaften Verwicklungen führen können. Ein Freund von mir fragte mich einmal: «Est-ce qu'on peut manger *le cadeau*?» Wobei es sich bei dem Geschenk um ein Fahrrad handelte. Was sich nicht so leicht essen läßt wie der Kuchen: *le gâteau*. Und ein Kursteilnehmer versicherte mir: «C'est frais!» und meinte damit wohl *wahr* und keineswegs *frisch*! Oder vielleicht beides...?

Damit kommen wir zu einem Laut, der schon so manche zur Weißglut brachte. Das berühmte, oft ignorierte und gehaßte stimmhafte *s*. Dabei sieht es so harmlos aus. Viele vergessen, daß der Unterschied zwischen einem stimmhaften und stimmlosen *s* auch in der deutschen Sprache vorhanden ist. Man denke nur an die berühmten Grenzfälle, bei denen der eine behauptet, er hätte einen wunderschönen *S*onnenuntergang mit scharfem *s* gesehen, während der andere der festen Überzeugung ist, er hätte ihn mit stimmlosem *s* bewundert. Aber auch abgesehen von diesen regional bedingten Unterschieden ist ein deutsches Mundwerk sehr wohl in der Lage, auf Kommando beide *s* deutlich auszusprechen. Warum klappt es dann im Französischen nicht, bitte schön? Es ist nämlich eigentlich ein Kinderspiel:

Zwischen zwei Vokalen ist ein *s* in der Regel stimmhaft: «la mai*s*on du voi*s*in» und nicht «la mai*ss*on du voi*ss*in». Dafür ist aber ein Anfangs-*s* immer stimmlos. Mir fällt kein besseres Beispiel ein, als der in Frankreich allen Gymnasiasten bekannte Vers aus «Andromaque»: «Pour qui *s*ont ces *s*erpents qui *s*ifflent sur nos têtes», wo die Redundanz des *s* an das Pfeifen bedrohlicher Schlangen erinnern sollte: «Pour qui *sss*ont ces *sss*erpents qui *sss*ifflent sur nos têtes». Vielleicht kennen Sie auch das in Deutschland nicht weniger berühmte: «Un poi*ss*on sans boi*ss*on est poi*s*on», wo ein Fisch ohne Getränk Gift ist. Hier führt außerdem eine verkehrte Aussprache zu lustigen Sinnverschiebungen: «Boi*ss*on sans pois*s*on est poi*s*on!» Wußten Sie denn nicht, daß oft ein Getränk ohne Fische Gift ist? Doch, doch. Ich würde sogar Gift darauf nehmen, daß viele Französisch-Lernende davon überzeugt sind. Das behaupten sie wenigstens fortwährend...

Was also sollen sie tun die armen Deutschen mit ihrer Aussprache? Drei Sachen würde mein Schwiegervater sagen: das Vibrieren üben, üben und nochmal üben. Genauso wie die armen Franzosen, die das *h* nicht hinkriegen und denen empfohlen wird, sich vor einen Spiegel zu stellen und das *h* solange auszusprechen, bis der Spiegel beschlägt.

Aber kommen wir zu unseren *s*-Geschichten zurück. Sie führen uns zu Bindungen, zu *liaisons*, die manchmal gefährlich werden können.

Von den *liaisons dangereuses*

Zum weltweit gepflegten Klischee vom Deutschen als Liebhaber von Ordnung und Gehorsam gehört die abgehackte Aussprache des Französischen. Bildlich ausgedrückt: die Deutschen verarbeiten die «weichepastetefranzösisch» zu einer Reihe von gut aus-ein-an-der-ge-trenn-ten-Sa-la-mi-Schei-ben und damit ist die französische Sprache ger-ma-ni-siert, jawohl, sie gewinnt an festen Konturen. Dabei wird jede gesprochene Silbe, jedes Wort zur glasklar definierten, unverwechselbaren Einheit, so wie sie in dem normalen Sprachfluß eines Galliers nie vorkommt und auch nie vorkommen wird. Französisch ist ein Wasserfall, der alles auf seiner Bahn mitreißt. Damit verschwinden Ecken und Kanten, alles wird zu einer Masse verarbeitet, zu einem sprudelnden Strom: Es wird gnadenlos verschluckt und gebunden.

Endet ein Wort mit Konsonanten, wird das nächste, wenn es mit einem Vokal anfängt, gleich mitgerissen. Und dabei spielt das *s* und seine korrekte Aussprache eine Schlüsselrolle. Summen Sie einfach wie Biene Maya, wenn *s* gebunden wird. Anders gesagt: Binde-*s* ist immer stimmhaft, Anfangs-*s* ist immer stimmlos. Wird diese Regel ignoriert, kommt es zu lustigen Situationen oder Mißverständnissen:
Vous_avez acheté une maison oder *vous savez* acheter une maison?

Um den Scherz weiterzutreiben, erwähne ich noch das wohlbekannte: *ils_ont / ils_sont*-Beispiel, bei dem am Ende niemand mehr weiß, was Sache ist:
Ils_ont mangé ou *ils sont* mangés?

To be or not to be, that is the question!

Ich habe gesagt: *s* wird kompromißlos gebunden. Das ist eigentlich etwas übertrieben, vor allem in einem Land, wo alles grundsätzlich verhandelbar ist. Also dann, in Frankreich ist nichts endgültig, und die Bindungen sind oft vielseitig. Ob Sie *je vais_au cinéma* sagen oder *je vai(s) au cinéma*, hat keine Folgen. Wichtig ist jedoch, Bindungen zu respektieren, die auf eine Mehrzahl hinweisen. Würden Sie zu den Frauen gehören, die ihrem Ehemann nachspionieren lassen, und würde Ihnen ein Detektiv direkt über sein Handy berichten:

Il_entre au cinéma
oder
Ils_entrent au cinéma
könnte dies für die Zukunft Ihrer persönlichen Bindung von größter Bedeutung sein.

Fazit? Eine Bindung, die einen grammatischen oder semantischen Hinweis liefert, ist immer sprachlich zwingend, meist inhaltlich unverzichtbar und manchmal zwischenmenschlich wertvoll.

Übrigens sollten Sie dazu neigen, *et* zu binden, können Sie sich das getrost abgewöhnen: Gebunden wird nur *est*. In diesem Sinne:
Christine *est_une* amie de la famille.
Christine *et une* amie de la famille viennent nous voir ce soir.

Mein Ratschlag: Verschwenden Sie nicht zu viel Energie auf Bindungen im allgemeinen. Konzentrieren Sie sich vorrangig auf jene *liaisons dangereuses*, die gegebenenfalls den Sinn Ihres Lebens verändern können!

Von dem ständigen Kampf zwischen [e] und [*é*]

Der Widerstreit *e/é* hat in meinen Jahren als Französischlehrerin schon für viel Heiterkeit im Unterricht gesorgt. Wie oft bin ich gebeten worden: «Repétez s'il-vous-plaît?»

Ja «R*e*pétez!» Belustigt antwortete ich manchmal, daß ich gerne meine Ausführungen wiederholen würde, aber die Aufforderung meiner Studenten, noch einmal zu furzen, *re-péter,* auf keinen Fall erfüllen möchte.

Wie oft haben auch einige Teilnehmer behauptet, sie hätten auf meine Frage schon *re-pondu*, statt *ré-pondu...* und damit zu meiner Verblüffung «wieder ein Ei gelegt»?

Denn der Noch-nicht-Besserwisser verrät sich meist, wenn er das französische *e* als deutsches *e* auspricht, also als [é]. Er meint: *je mange les chocolats*, sagt dafür *[j'ai mangé] les chocolats,* und jede Hoffnung auf eine letzte, wenn auch noch so kleine Praline ist wie weggefegt.

Oft ignoriert er auch den Unterschied zwischen -*e* und -*es*, wie bei *ce/ces, le/les!* Ich weiß am Ende gar nicht, ob er wirklich zu den bedauernswerten Kreaturen gehört, die es mit mehreren Chefs auf einmal zu tun haben, oder vielleicht doch nicht: ils sont convoqués chez *le* chef ou chez *les* chefs?

Und wenn er zum Schluß noch ignoriert, daß der letzte Konsonnant am Wortende ein -*e* braucht, um aktiviert und ganz laut zu werden, ist meine Verwirrung perfekt. J'avoue que pour les apprenants il y a vraiment de quoi y perdre son latin. Sie meinen es mit den Franzosen gut und denken:
«Les Françai*s* sont genti*l*s», sagen aber stattdessen «Les Françai*se*s sont genti*lle*s»
und haben es sich damit möglicherweise schon mit den männlichen Vertretern der französischen Nation verscherzt.

Legen Sie viel Wert darauf, diese Zweifelsfälle soweit wie möglich auszuschalten. Und helfen Sie den Begriffen ihre Identität zu bewahren!

Damit wollen wir die «Akte E» schließen und uns anderen wundervollen, wenn auch gelegentlich nervenden Eigenarten der französischen Sprache widmen.

Von den «Strichlein links, Strichlein rechts» und «den Dächlein»

Wußten Sie schon, daß die französischen Vokale *a-e-i-o-u-y* von meinen schwäbischen Freunden mit einem «Strichle links, Strichle rechts» oder einem «Dächle» geschmückt werden, die mir vor meinem Aufenthalt in Deutschland als *accent aigu*, *grave* oder *circonflexe* bekannt waren und die von ebenso volksfremden wie humorlosen Sprachwissenschaftlern ebenso bezeichnet werden? Für den vierten «Kopfschmuck», das äußerst ausgefallene und seltene *tréma*, der wie ein Umlaut aussieht, und u.a. verlangt, zwei aufeinanderfolgende Vokale getrennt zu sprechen (haïr: ha-ir; Noël: No-el), wurde mir bislang noch keine schwäbische Bezeichnung angeboten. Vorschläge bitte schriftlich oder per e-mail an den Verlag.

Und wissen Sie übrigens, woher manche französischen Vokale ihr «Dächle» haben? Das haben wir cinigen Gelehrten der Académie Française zu verdanken, die sich im 17. Jahrhundert die Aufgabe aufbürdeten, ein «Dictionnaire de la langue française» zu verfassen. Die schöne, wilde französische Sprache wurde vereinheitlicht und gebändigt. Ja, auch wir Franzosen hatten unsere große «Rechtschreibreform». Wo Narrenfreiheit für die Rechtsschreibung herrschte, wurde jetzt quasi wissenschaftlich vorgegangen. Die Vielseitigkeit der schriftlichen Wiedergabe eines Lautes wurde endgültig zum Tode verurteilt. Bei der Gelegenheit wurde auch entschieden, das *s* solle verschwinden, wenn es u.a. vor einem *t* steht, und zwar zu Gunsten des *accent circonflexe*, dem damit seine wichtigste Aufgabe für die nächsten Jahrhunderte zugewiesen wurde. Forest wurde *forêt*, hostal *hôtel*, hospital *hôpital* und so weiter. Kaum zu glauben, aber wahr: Das für französische Ohren so deutsch klingende Wort «Fenster» ist der *cousin germain* von *fenêtre*, Magister von *maître* und Kosten von *coûts*! Rien ne se perd, rien ne se crée, tout se transforme!

Wenn wir schon bei den in Deutschland so oft falsch benannten Akzenten verharren, gestehe ich an dieser Stelle gerne, daß es mir manchmal so vorkommt, als ob sie von der hiesigen Bevölkerung nach Lust und Laune, manchmal «nach rechts», manchmal «nach links» gesetzt und letztlich als üble und lästige Verzierung eines Wortes betrachtet werden.

Wer *accent aigu* vom *accent grave* nicht unterscheiden kann, kann folgende Eselsbrücke benutzen: der *accent aigu* (aigu = schrill) zeigt in der Schreibrichtung nach oben und der *accent grave* (grave = tief) nach unten, ins Grab. Damit dürften jegliche Probleme mit diesen Akzenten bis zur nächsten «Rechtschreibreform» aus dem Weg geräumt sein, oder?

Haben Sie sich angewöhnt, die Akzente völlig zu ignorieren und beim Schreiben auszulassen, verzichten Sie auf eine wertvolle Hilfe, sinnvolle Stütze für korrekte Aussprache und richtiges Verstehen. Ob *la* oder *là, ou* oder *où, votre* oder *vôtre, du* oder *dû, mur* oder *mûr*, der Akzent ist der kleine, aber feine Unterschied.

Trotz aller Tücken bei Schreibweise und Aussprache sollte Ihnen der Spaß am Französischen nicht vergehen, geht es doch hier nicht nur um den Inhalt der Begriffe, sondern auch um die Alchemie der Sprache und den Zauber der Worte. Teilte nicht in diesem Sinne Ende des 19. Jahrhunderts der Dichter Arthur Rimbaud in seinem Gedicht «Voyelles» den Vokalen eine Farbe zu: «A noir, E blanc, I rouge, U vert, O bleu...», während in seinem «Art poétique» sein früherer Freund der Poet Paul Verlaine «De la musique avant toute chose» verlangte?

Anhang zum Haupttext

es gibt einen Trick: *il y a un truc*

Es ist ein Kinderspiel: *c'est facile comme bonjour*

Gift darauf nehmen*: être absolument sûr de quelque chose;* au lieu de «prendre du poison» vous pourriez tout aussi bien *en mettre votre main au feu*

les liaisons dangereuses: titre d'un roman français écrit par Choderlos de Laclos au XVIIIème siècle. Ce roman montre comment un couple de libertins joue avec les sentiments d'une jeune fille pure. Titre en allemand du roman et du film: «Gefährliche Liebschaften», et pas «Gefährliche Bindungen»

être convoqué: zitiert werden

ich weiß nicht mehr, was Sache ist: *je ne sais plus où j'en suis*

y perdre son latin: nichts mehr verstehen

semantisch: betrifft die Bedeutung eines Wortes, eines Satzes

le cousin germain: eigentlich ist er nicht der germanische Cousin, wie hier als Wortspiel angenommen, sondern der Cousin ersten Grades

rien ne se perd, rien ne se crée, tout se transforme: Il s'agit en réalité de la théorie de Lavoisier sur la transformation de la matière (XVIIIème siècle). Le pauvre Lavoisier a fini guillotiné – geköpft – Robespierre trouvant qu'à l'époque de la Révolution française la société n'avait pas besoin de savants. Es war immer gefährlich, ein Wissenschaftler zu sein.

Lektüre I

Wie hört sich Französisch an, wenn es nicht sauber artikuliert wird? Renaud, der sich selbst in «Mistral gagnant» als *chanteur énervant* bezeichnet, liefert uns in seinen Liedern typische Beispiele:

Tu vas au bal?

Tu vas au bal? — qu'y m'dit
J'ui dis: qui? — Y m'dit toi
J'ui dis moi? — Y m'dit oui
J'ui dis: non je peux pas
C'est trop loin — y m'dit bon

Et toi, t'y vas? — qu'j'ui dis
Y m'dit: qui — j'ui dis toi
Y m'dit moi? — j'ui dis oui
Ym'dit: non, j'y vais pas
J'ai un rhume et j'ai froid

Alors on n'a pas dansé
On est resté à parler
On n'a rien regretté
Y paraît d'toute façon
que c'était un bal con

qu'y m'dit = qu'il me dit
qu'j'ui dis = que je lui dis
Y paraît d'toute façon = il paraît de toute façon

Lektüre II

Dem Liebhaber schöner Sprachmelodien empfehlen wir dieses schwierige, aber sehr kunstvolle Gedicht, woraus der Vers der Übung V entnommen wurde:

La mer de mes larmes (Pierre de Marbeuf, XVIIème siècle)

Et la mer et l'amour ont l'amour pour partage,
Et la mer est amère et l'amour est amer,
L'un s'abîme en l'amour aussi bien qu'en la mer,
Car la mer et l'amour ne sont point sans orage.

Celui qui craint les eaux qu'il demeure au rivage,
Celui qui craint les maux qu'on souffre pour aimer,
Qu'il ne se laisse pas à l'amour enflammer,
Et tous deux ils seront sans hasard de naufrage.

La mère de l'amour eut la mer pour berceau,
Le feu sort de l'amour, sa mère sort de l'eau,
Mais l'eau contre ce feu ne peut fournir des armes.

Si l'eau pouvait éteindre un brasier amoureux,
Ton amour qui me brûle est si fort douloureux,
Que j'eusse éteint son feu de la mer de mes larmes.

Anhang zur Lektüre II

avoir pour partage: teilen, hier: gemeinsam haben

s'abîmer: versinken oder zugrunde gehen

ne...point: ne...pas. «Ne point» est une forme très élégante et plutôt ancienne

le berceau: die Wiege, der Ursprung

les maux: Übel, Schmerzen, Leid. Pluriel de *mal*

être sans hasard de: ne pas risquer de – ungefährdet sein

fournir: liefern

un brasier: Feuersglut, Flammenmeer

j'eusse éteint: ici «hätte ich gelöscht». Il s'agit du «plus-que-parfait du subjonctif» du verbe «avoir». Dieser Konjunktiv wird hauptsächlich in geschriebenen Texten verwendet.

Formulierungsübungen

I Falsche Aussprache, lustiger Sinn

Ersetzen Sie die kursiv geschriebenen Wörter der falschen Aussprache durch die richtigen:

1. Il a atterri dans le dessert.
2. Il n'y a pas de ligne de train sans arrête.
3. Qu'est-ce que vous fêtez aujourd'hui?
4. Les champs étaient très chantilly.
5. J'ai pris un pain pendant trois heures.
6. En été, nous aimons nous promener au port de l'eau.
7. Avez-vous déjà commandé vos poisons?
8. J'ai acheté un magasin.

II Sie hören es so. Aber wie wird es geschrieben?

1. Ch n vaispaz à l'égliz l' dimanch
2. Ch prends l'pain pour l'ptit dèje
3. Chépa

III Zungenbrecher

- Trennen Sie die Wörter dieser in Frankreich berühmten Zungenbrecher.
- Übersetzen Sie sie ins Deutsche.
- Probieren Sie, sie immer schneller auszusprechen.

1. Unchasseursachantchassersanssonchienestunchasseursachant-chas ser.

___

___

2. C'estlhistoiredunpêcheurquipêchaitsanspéchersousunpêc her. Le pêcherempêchaitlepêcheurdepêcher.

___

___

___

3. Combiencoûtentcessixsaucissonsci? Cestsixsouscessixsaucissonsci.

____

____

IV Übersetzen Sie die Begriffe

la/là , ou/où, votre/vôtre, mur/mûr, sur/sûr, du/dû

____

____

V «Et la mer est amère»

Dieser Vers stammt aus einem sehr alten Gedicht. Schließen Sie die Augen und sprechen Sie diesen Vers laut. Wieviele verschiedene Bedeutungen hören Sie durch das Spiel mit den Bindungen aus diesem Vers heraus? Notieren Sie sie:

1. ____

2. ____

3. ____

4. ____

Vorschläge zu den Formulierungsübungen

I Falsche Aussprache, lustiger Sinn

1. Il a atterri dans le dessert. Er ist im Nachtisch gelandet.
   Il a atterri dans le désert (Wüste).
2. Il n'y a pas de ligne de train sans arrête. Es gibt keine Zugverbindung ohne Gräte.
   Il n'y a pas de train sans arrêt (Haltestelle/Halt).
3. Qu'est-ce que vous fêtez aujourd'hui? Was feiern Sie heute?
   Qu'est-ce que vous faites aujourd'hui? (machen)
4. Les champs étaient très chantilly. Die Felder waren sehr Schlagsahne.
   Les gens étaient très gentils. Die Leute waren sehr freundlich.
5. J'ai pris un pain pendant trois heures. Ich habe drei Stunden lang ein Brot genommen (gekauft).
   J'ai pris un bain pendant trois heures (Bad).
6. Nous aimons aller nous promener au port de l'eau (am Hafen des Wassers).
   Nous aimons aller nous promener au bord de l'eau (am Wasser).
7. Avez-vous déjà commandé vos poisons? Haben Sie schon Ihre Gifte bestellt?
   Avez-vous déjà commandé vos boissons (Getränke)?
8. J'ai acheté un magasin (Laden).
   J'ai acheté un magazine (Zeitschrift).

II Sie hören es so. Aber wie wird es geschrieben?

1. Ch'n vaispaz à l'égliz l' dimanch: je ne vais pas à l'église le dimanche
2. Ch'n prends l'pain pour l'ptit dèje: je prends le pain pour le petit déjeuner
3. Chépa: je ne sais pas

III Zungenbrecher

1. Un chasseur sachant chasser sans son chien est un chasseur sachant chasser.
   Ein Jäger, der ohne seinen Jagdhund jagen kann, ist ein Jäger, der jagen kann.
   Bei dieser Wortkette kommen französische Kinder öfters auf den Laut [che] anstelle [ss].

2. Cest l'histoire d'un pêcheur qui pêchait sans pécher sous un pêcher. Le pêcher empêchait le pêcheur de pêcher.
   Es ist die Geschichte eines Anglers, der ohne zu sündigen unter einem Pfirsichbaum angelte. Der Pfirsichbaum hinderte den Angler zu angeln.
   Das macht einem Franzosen keine Schwierigkeit. Deutsche dagegen neigen dazu, das [ch] durch [ge] zu ersetzen.

3. Combien coûtent ces six saucissons-ci? C'est six sous ces six saucissons-ci.
   Wieviel kosten diese sechs Würste da? Sechs «Sous» kosten diese sechs Würste da.
   Un sou ist eine Münze, die den Wert von fünf centimes hatte. On emploie sou dans la langue courante à la place du mot argent: «Tu as pris des sous», «je n'ai plus un sou». Und «Ça ne vaut pas un sou» ist keinen Pfennig wert.
   Hier besteht die Schwierigkeit für Franzosen darin, die richtige Bedeutung herauszufinden. Deutsche dagegen verwandeln gerne die stimmlosen s in stimmhafte und summen dabei mit Begeisterung!

IV Übersetzen Sie die Begriffe: la/là, ou/où, votre/vôtre, mur/mûr

la: die, Artikel oder Pronomen	Cette rose, donne-la -moi!
là: da, dort; Adverb	Pose la rose là!
ou: oder, Präposition	Tu veux la jaune ou la rose?
où: wo	Où est la rose rose?
votre: Ihr, Euer als Adjektiv	Votre rose est jaune?
vôtre: Ihr, Euer als Pronomen	La vôtre est jaune?
le mur: die Wand	Le mur est blanc.
mûr: reif, Adjektiv	L'ananas n'est pas mûr.
sur: auf, Präposition	Les clefs sont sur la table?
sûr: sicher, Adjektiv	Oui, j'en suis sûr.
du: de + le, Teilungsartikel	Tu as du pain?
dû: Partizip von devoir	Il a dû partir à 7 heures.

dû: *J'ai dû* bedeutet u.a. *ich mußte, ich sollte*. In Verbindung mit Respekt heißt es *gebührt*: le respect qui vous est *dû*. Aufs Geld bezogen heißt es *geschuldet*: Donne-moi ce qui m'est *dû*!

Ubrigens:

- Die weibliche Form von dû trägt keinen Akzent: due. Genauso geht es bei mure, sure.
- Um ou von où zu unterscheiden, holen Sie sich den Graf zur Hilfe: denn auf der Oder schwimmt kein Graf/accent grave.

V «Et la mer est amère»

1. Und der See ist bitter: et la mer est amère
2. Und die Mutter ist sauer: et la mère est amère
3. Und das Meer ist deine Mutter: et la mer est ta mère
4. Und die Mutter ist deine Mutter: et la mère est ta mère

III. Kapitel

De-du-de la-de l'-des für «Reingeschmeckte»

Essen und Trinken ist für uns Franzosen das halbe Leben, und die bunten Wochenmärkte voller Lebensfreude sind unser Mekka! Auch für Fremde sind sie wahre Pilgerstätten, wo diese jedoch immer wieder auf den sprachlichen Kreuzweg namens *de-du-de la-de l'-des* stoßen und darauf manchmal gehörig ins Stolpern geraten. Besonders für diese gebeutelten Pilger ist dieses Kapitel bestimmt. Hier geht's um *des* als Mehrzahl von *un/une*, um *du-de la-de l'-des* als Teilungsartikel sowie schließlich um *de* als Begleiter jeglicher Mengenangaben. Und nur darum!

Un-une-des: le trio infernal

Gehören Sie zu den Französisch-Lernenden, die gerne ein deutsches Wort durch ein einziges, entsprechendes französisches ersetzen, tun Sie sich wahrscheinlich besonders schwer. Die Gleichung geht nämlich oft nicht auf und löst eine Lawine von Fragen aus. Ich höre Sie schon stöhnen: Waaaas? «Haben Sie schwarze Oliven?» soll durch «Vous avez *des* olives noires?» zu übersetzen sein? «Warum und wieso? Kann das komische *des* nicht weggelassen werden»?

Aber bitte, bedenken Sie doch, daß französische Substantive sich vor der Einsamkeit fürchten. Deshalb bestehen sie darauf, in der unbestimmten Mehrzahl von *des* eingeleitet zu werden! Es ist ihnen einfach ein tiefes Bedürfnis!

Ist Ihnen bewußt, daß im Deutschen die Vermehrung von «*einer* schwarzen Olive» zu «schwarzen Oliven» nur durch eine häßliche schmerzhafte Verkürzung ermöglicht wird, während im Französischen der Wortreichtum durch *des* erhalten bleibt? Und Sie wollen, daß wir freiwillig darauf verzichten?

Wollen Sie Oliven oder sonstwas auf dem Markt kaufen, kennen Sie jetzt einen guten Grund, die deutsche Lücke im Französischen zu füllen und der besseren Verständigung halber *des* einzusetzen: Je voudrais *des* olives noires.

Vous avez *des* olives noires?
Il vous reste *des* olives noires?
Mettez-moi aussi *des* olives noires!
Ajoutez-moi *des* olives noires!

Es ist natürlich auch möglich, daß Sie Ihre Wünsche präzisieren:
Une olive noire, s'il vous plaît!
Encore *15* olives noires!

Oder, wenn Sie ein Stückchen von einer Olive probieren wollen:
Vous avez *de l'*olive?

Was zwar nicht üblich ist, aber fragen kostet ja nichts. Ich bin jedoch gespannt, ob der Verkäufer bereit ist, auf Ihren Wunsch einzugehen.

Du-de la-de l'-des: Eine berühmte Teilungsgeschichte

Was könnte wohl den jungen Olivenverkäufer daran hindern, eine Olive teilen zu wollen?

Nicht die Grammatik, und finanzielle Überlegungen gewiß auch nicht! Höchstens die Größe der Olive und der damit verbundene Aufwand! Außerdem, was soll er mit dem übrigen Teil machen? Eine kleine Olive läßt sich so schön als Ganzes probieren! Und er wird deswegen sicherlich nicht gleich Pleite gehen!

Nicht nur die kleine Olive verdient unsere Aufmerksamkeit. Auch bäuerliche Produkte wie Schweine eignen sich hervorragend für die Teilungsgeschichte.

Ich war vor kurzem auf dem Markt. Da kam mir zu Ohren, wie ein Deutscher sich mit Wurstwaren eindecken wollte. Als er seinem französischen Freund mitteilte «Je voudrais acheter *des* jambons», dachte ich: «Ach Gott, jetzt kauft er ja die ganze Theke leer!» und wollte schon frustriert zum nächsten Stand ziehen. Wie sich aber herausstellte, war dies gar nicht seine Absicht. Er wollte Schinken kaufen und hätte dafür zwei sprachliche Mittel zur Verfügung gehabt:

- Je voudrais des jambons: die unbestimmte Anzahl einer zählbaren Menge. Also in diesem Falle mehrere Schinken.
- Je voudrais du jambon: den unbestimmten Teil eines Ganzen. Also in diesem Falle etwas von einem Schinken.

Unserem Deutschen ging es hauptsächlich darum, etwas vom Schinken zu bekommen. Il voulait donc *du* jambon et je pouvais continuer à faire la queue sans problème.

Hätte unser Marktbesucher Reis, Wasser, Bier oder Brot kaufen wollen, wäre ihm dank der eindeutigen Einzahl des deutschen Begriffs das Problem sicher erspart geblieben. Ohne viel zu überlegen, hätte er erfolgreich *du* riz, *de l'*eau, *de la* bière ou *du* pain verlangt.

In den meisten Fällen stehen dem Kunden mehrere Formen zur Verfügung: Von seinem Kaufwunsch hängt es dann ab, ob der Teilungsartikel in der Einzahl oder Mehrzahl besser geeignet ist. Die Hauptsache ist, daß die deutsche Sprachlücke mit einer Brücke überspannt wird. Und dieses Bindeglied heißt meistens: *du, de la, de l'* oder *des*, je nachdem ob das nächste Wort weiblich, männlich, ist, in der Mehrzahl steht oder mit einem Vokal anfängt.

Wer nicht so genau weiß, ob ein Wort männlich oder weiblich ist, braucht sich darüber aber auch keine Sorgen zu machen. Auf dem Einkaufsmarkt wird er deshalb nicht gleich zum Außenseiter. Außerdem empfiehlt sich für ihn eine Ausweichstrategie: das Einsetzen einer Mengenangabe in Verbindung mit *de*, der dankbaren Unisex-Brücke, der Königin der Menge.

De – König der Mengenangabe

Geht der Deutsche am Wochenende einkaufen, besorgt er sich u.a: *trois caisses de* bière, *deux caisses d'*eau minérale gazeuse, *trois tonnes de* charcuterie et *de* fromage, *un kilo de* pommes de terre et *un pot de* crème liquide.

Geht die Französin am Wochenende einkaufen, kommt sie mit ungefähr dem gleichen heim. Sie ersetzt vielleicht die Kartoffeln durch *un kilo de* frites congelées und verzichtet auf die Schlagsahne: Der sonntägliche Kaffee-und-Kuchen-mit-Sahne gehört noch nicht zu ihren Eßgewohnheiten. Aber im Großen und Ganzen unterscheidet sich ihr Einkaufskorb von dem unseres Deutschen erst einmal nur durch die Menge und die Verpackung: An Getränken kauft sie einzelne oder in Kartons abgepackte Flaschen. Eine Kiste nach Hause mitzuschleppen, ist kaum möglich, da die in Deutschland so beliebte Kiste so gut wie nirgends angeboten wird. Sie besorgt sich deswegen: *dix cannettes de* bière et *un carton d'*eau minérale.

An der Wurst- und Fleischtheke, wo der Deutsche seine Ware gramm- oder sogar kiloweise kauft, gibt sie ihre Bestellung lieber scheibchenweise auf: *dix rondelles de* saucisson, *trois tranches de* jambon.

Über unseren Deutschen, der an der Käsetheke gern alles *en tranches* oder *en pièces* bestellt, würde unsere Französin den Kopf schütteln: Es ist doch eine Beleidigung für fast jeden französischen Käse, sich in Scheiben schneiden zu lassen, und geradezu eine Gotteslästerung, ihn auf diese Art zerstückeln zu wollen. *Un morceau de fromage* ist das gute alte bewährte Maß – wenn auch nicht das einzige!

Bei der Mengenangabe ist man in Frankreich nicht immer so genau und greift gerne auf Adverbien zurück. *Assez, peu, trop,*

moins, plus, plein und seine schönere Form *beaucoup* sind treue Begleiter unserer Einkaufsbummel. Unverzichtbar ist auch das Fragewort *combien*. In diesem Zusammenhang wird mir oft die Frage gestellt: Heißt es eigentlich *combien/trop/peu de, du* oder *des*? Darauf habe ich nur gewartet. Kann ich doch endlich einmal meinen Kursteilnehmern eine eindeutige Antwort geben und sie verblüffen. Denn wo der Deutsche wieder einmal ein Wort spart, heißt es bei uns für immer und ewig *de*, egal ob das nächste Wort männlich, weiblich oder in der Mehrzahl ist. *D'* wird noch akzeptiert, wenn das gleich darauf folgende Substantiv mit einem Vokal anfängt, das kennen wir ja schon! Als Beispiele schlage ich Ihnen einige Klischees vor, die in Frankreich über deutsche Konsumgewohnheiten kursieren:
Les Allemands boivent *beaucoup de bière.*
Les Allemands boivent en général *beaucoup trop d'alcool.*
Les Allemands mangent *beaucoup de charcuterie.*
Les Allemands mangent *beaucoup de pommes de terre.*

Klischees, denen ein Kursteilnehmer einst so widersprach:
Je bois *beaucoup de bière,* mais *encore plus de vin français.*
Je mange *trop de charcuterie,* surtout quand je suis en vacances en France.
Je mange *beaucoup de pommes de terre.* Mais les Français ne mangent-ils pas *des tonnes de frites?*

Er hatte recht, ob diese Klischees zutreffen oder nicht, spielt hier im Grunde genommen keine Rolle. Es sind ja nur Klischees... die sich jedoch für grammatische Zwecke hervorragend eignen. Ob Sie acht Dosen Bier, zehn Scheiben Wurst, drei Scheiben Schinken oder ein Stück Käse kaufen; ob Sie viel, genug, wenig oder zuviel Kartoffeln essen, bekennen Sie doch Farbe und denken Sie daran, diese Lücke im Deutschen mit dem alleinstehenden, leicht verdaulichen, französischen *de* zu überbrücken.

Aimer und *préférer* – eine unerklärliche Liebesgeschichte

Nie würde ich auf diese beide Wörtchen soviel Papier verwenden, wäre da nicht die große Liebe meiner Kursteilnehmer zu *aimer de* oder *préférer de*. Heutzutage mögen aber *aimer* und *préférer* kein *de*, wenn es darum geht, etwas lieb(er) zu haben oder zu tun.

Elle aime manger et lui, *il préfère boire* werden dem überholten *elle aime de manger* et *il préfère de boire* vorgezogen.

Die tragische, hartnäckige Liebe zu *aimer de* oder *préférer de* bleibt nicht ohne Folgen und führt unweigerlich zu *aimer* oder *préférer de + le / la / l' / les*. Zwei verbotene Lieben, laut ernstzunehmenden Grammatikbüchern!

Pour ma part, j'aimerais m'exprimer de façon plus différenciée: Während *aimer du...* absolut verpönt ist, wird *préférer du...* in manchen Fällen akzeptiert. Wann? Das erfahren wir jetzt und noch dazu, wie manche Deutsche die Franzosen sehen...

Als ich nach Deutschland kam, wurde ich ganz vehement mit der Problematik des Liebens und Nicht-Mögens konfrontiert. Da ich weder Alkohol noch Kaffee trinke, wurde ich auf Partys von der Französin zur Exotin, und manche Gäste starrten mich fassungslos an, als ob das Französin sein den Verzehr von bestimmten Produkten voraussetzen würde. Ich wurde ausgefragt, warum und wieso: vous êtes enceinte, peut-être, ou musulmane? Da ich weder schwanger noch Muslimin war und bin, mußte ich ganz triviale Gründe an den Tag legen:
Je n'*aime* pas *le café*.
Je n'*aime* pas *l'alcool*, non plus.
À l'alcool et au café, je *préfère les jus* de fruits et *l'eau* du robinet.

Auf einmal stimmte das Bild wieder: Franzosen sind Leitungswasser-Trinker. Ich spürte das Entsetzen meines verwirrten Gegenübers: «Comment pouvez-vous boire *de l'eau du robinet*? Vous ne *préférez* pas boire *de l'eau minérale, du thé, du lait*?»

Meine Antwort blieb aber glaskar, claire comme de l'eau de roche:
«Je n'*aime* ni *le* thé, ni *le* lait. Je voudrais de l'eau.
Vous *préférez de l'eau* minérale gazeuse ou *de l'eau* plate?
Je n'*aime* pas tellement l'eau minérale. Si cela ne vous dérange pas, je *préfèrerais (boire) de l'eau* du robinet.»

Meine Gastgeber schüttelten besorgt den Kopf: Erstens setzte ich mich bewußt der Gefahr aus, mich mit Leitungswasser zu vergiften oder dadurch zu verkalken! Zweitens verwirrte meine Ausdrucksweise offensichtlich, denn während ich *aimer* nie direkt mit *de* einsetzte:
je n'*aime* pas *l'eau minérale*,
erlaubte ich mir, manchmal *préférer* von dieser Regel auszunehmen, nämlich immer dann, wenn das «unterschwellige Folgeverb» den Teilungsartikel nach den schon erwähnten Regeln zuläßt:
Je *préfère boire de* l'eau plate.
Je *préfère de l'eau* plate.
Ich trinke lieber Wasser ohne Kohlensäure.

Weist die deutsche Struktur ausdrücklich auf einen bestimmten Artikel hin:
ich ziehe *das* Wasser ohne Kohlensäure vor,
schließe ich mich selbstverständlich der deutschen Sprache an:
Je préfère *l'*eau plate.

Solche Gäste wie ich, die meist viel in Frage stellen, werden nicht so gerne gesehen. Ich spürte, daß ich etwas unternehmen mußte, und entschloß mich für den Weg des geringsten Widerstandes. Da ich an der Grammatik wenig ändern konnte, fing ich in Deutschland an zu... trinken! Je me suis donc mise à... boire!... À boire d*e l'eau minérale*, cela va de soi!

Haben Sie Durst oder Appetit auf eine kleine Probe des Gelernten, folgt jetzt ein sehr bekömmliches Übungsmenü. Hungrige, die mit dieser fettarmen Kost nicht satt wurden, ceux qui sont restés sur leur faim, dürfen sich gerne übergangslos zum Feinschmecker-Gang (IV. Kapitel) begeben und sich dort mit grammatischen Besonderheiten verwöhnen lassen.

Anhang zum Haupttext

auf etwas freiwillig verzichten: *renoncer de soi-même à quelque chose*

Pleite gehen: *faire faillite*

en pièces: zerstückelt. *Mettre en pièces*: zerstückeln

la crème liquide: süße Sahne

faire la queue: Schlange stehen

die Eßgewohnheiten: *les habitudes alimentaires*

surtout: vor allem, besonders

Farbe bekennen: *jouer cartes sur table*

déranger: stören

l'eau plate: stilles Wasser

l'eau du robinet: Leitungswasser

cela va de soi: selbstverständlich

Lektüre I

Pour toi mon amour
(Jacques Prévert)
Je suis allé au marché aux oiseaux
Et j'ai acheté des oiseaux
Pour toi
mon amour
Je suis allé au marché aux fleurs
Et j'ai acheté des fleurs
Pour toi
mon amour
Je suis allé au marché à la ferraille
Et j'ai acheté des chaînes
De lourdes chaînes
Pour toi
mon amour
Et puis je suis allé au marché aux esclaves
Et je t'ai cherchée
Mais je ne t'ai pas trouvée
Mon amour

Anhang zur Lektüre I

la ferraille: Schrott, Alteisen

la chaîne: Kette

l'esclave: Sklave/Sklavin

Lektüre II

Les aventures de tante Maria

Tante Maria avait 85 ans quand je l'ai vue pour la première fois. Elle avait déjà bu *du* liquide à vaisselle, mangé *des* croquettes de chien et *de la* crème Nivea à la petite cuillère, *des* histoires que tout le monde se racontait dans la famille!

Un jour, nous avons décidé de l'inviter pour les vacances. *Combien de* temps est-elle restée? *Pas plus d'*une dizaine de jours, je crois.

Elle est arrivée chez nous avec son petit chapeau à plumes, *des* bagues à tous les doigts, *des* collants trop longs, et *des* robes qui sentaient si mauvais, qu'on a commencé par toutes les laver. Elle nous racontait *des* salades à longueur de journée. À table, elle mangeait *du* fromage avec *du* saucisson, voulait *des* pâtes quand il y avait *du* riz, mangeait *de la* viande en disant que c'était *du* poisson et... buvait *du* vin comme si c'était *de l'*eau!

Un matin, comme à dix heures elle n'était toujours pas levée, nous nous sommes fait *du* souci. Elle n'était pas morte au moins? Mais non, elle dormait à poings fermés dans son lit. À midi, elle s'est levée en disant qu'elle était un peu fatiguée. Quoi d'étonnant? Pendant la nuit, elle avait dû avoir soif et avait vidé *plus de la moitié d'une bouteille de* Martini!!

Quand Maria est partie, nous avons eu *moins de soucis*, mais elle nous a manqué. Elle est morte quatre ans plus tard. Dans son appartement, on a trouvé *des tonnes* de vieux papiers et, cachés dans ses armoires, dans *des* bas de laine, *des centaines de* billets!

Anhang zur Lektüre II

le liquide à vaisselle: Geschirrspülmittel

la plume: die Feder. On dit parfois de quelqu'un qui agit d'une façon étrange, qu'*il a une petite plume.*

les collants: Strumpfhosen, die «Klebenden». Ob sie so heißen, weil sie an den Beinen «kleben»?

raconter des salades: Ammenmärchen erzählen

à longueur de journée: den ganzen Tag

se faire du souci: sich Sorgen machen. Das berühmte Schloß «Sans souci», «Ohne Sorge» getauft, blieb bekanntlich nicht von solchen verschont.

dormir à poings fermés: tief schlafen, und nicht unbedingt mit geballten Fäusten

le bas de laine: der Sparstrumpf, sei er nun aus Wolle oder nicht

Formulierungsübungen

I Übersetzen Sie beim Einkaufen

1. Sie kaufen vier Dosen Bier.

___

2. Nimm zwölf Eier.

___

3. Geben Sie mir noch fünf Scheiben Hinterschinken und sechs Scheiben Wurst.

___

4. Er hat zwei Flaschen Öl gekauft.

___

5. Kaufst du Wein?

___

6. Wir haben zu viel Mineralwasser.

___

7. Hast du daran gedacht, zwei, drei Sorten Käse zu kaufen?

___

8. Ich mag keinen deutschen Käse.

___

9. Ich kaufe lieber französischen Käse.

___

10. Ich kaufe lieber den französischen Käse.

___

11. Ich hätte gerne Brot.

____

12. Wir haben zu wenig Äpfel.

____

II Maße und Verpackungen

Wie werden diese Produkte in Frankreich verkauft? Ergänzen Sie die Sätze mit den folgenden französischen Ausdrücken: *pot, boîte, tablette, paquet, bocal, cuillère à café.*

1. Si vous êtes malade, prenez 2 . . . . sirop avant chaque repas.
2. N'oublie pas d'acheter . . . . champignons.
3. Elle a mangé toutes les . . . . chocolat.
4. Tu me prends 1 . . . . confiture pour ta grand-mère.
5. Allez me chercher 2 . . . . mouchoirs en papier, s.v.p.
6. Ils nous ont donné 1 . . . . cornichons.
7. Est-ce que tu peux m'acheter 3 . . . . cigarettes.
8. Tu as trouvé 1 . . . . de moutarde.

III Wie werden folgende «Adverbien der Mengenangaben» übersetzt?

1. Wenig, viel, weniger, mehr

____

2. Genug, genügend

____

3. Sehr viel, zu viel, viel zu viel

____

4. So viel, genau soviel

____

IV À table!

Sitzt ein Deutscher an einem französischen Tisch, so wird er sofort an seiner «Art den Käse zu schneiden» erkannt! Wie würden Sie sich hier bedienen? Zeichnen Sie mit einem Strich Ihren Messerschnitt!

Vorschläge zu den Formulierungsübungen

I Übersetzen Sie beim Einkaufen

1. Ils achètent quatre cannettes de bière.
2. Prends une douzaine d'oeufs / douze oeufs!
3. Ajoutez-moi cinq tranches de jambon et six rondelles de saucisson.
4. Il a acheté deux bouteilles d'huile.
5. Tu achètes du vin?
6. Nous avons trop d'eau minérale.
7. Tu as pensé à acheter deux ou trois morceaux de fromage?
8. Je n'aime pas le fromage allemand.
9. Je préfère acheter du fromage français.
10. Je préfère acheter le fromage français.
11. Je voudrais du pain.
12. Nous n'avons pas assez de pommes / Nous avons trop peu de pommes.

II Maße und Verpackungen

1. Si vous êtes malade, prenez deux cuillères à café de sirop avant chaque repas.
2. N'oublie pas d'acheter des boîtes de champignons.
3. Elle a mangé toutes les tablettes de chocolat.
4. Tu me prends un pot de confiture pour ta grand-mère.
5. Allez me chercher deux paquets de mouchoirs en papier, s.v.p.
6. Ils nous ont donné un bocal/pot de cornichons.
7. Est-ce que tu peux m'acheter trois paquets de cigarettes.
8. Tu as trouvé le pot de moutarde?
   Bocal s'utilise volontiers dans le sens de Glas pour les conserves faites dans un récipient en verre.

III Was bedeuten folgende «Adverbien der Mengenangaben»?

1. Peu de, beaucoup de, moins de, plus de
2. Assez de, suffisamment de
3. Beaucoup de / énormément de, trop de, beaucoup trop de
4. Tant de / tellement de, autant de

IV À table!

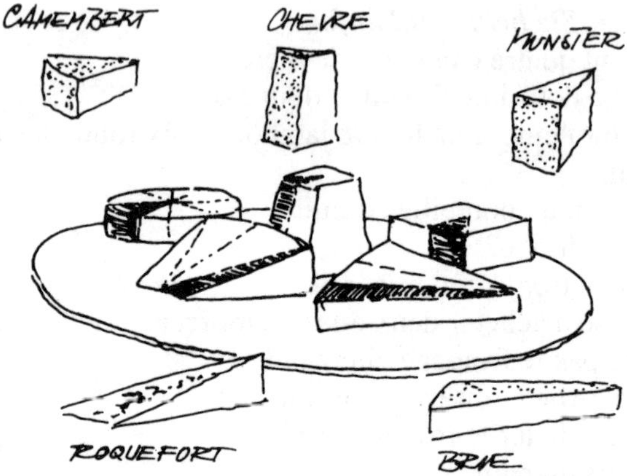

Der Käse wird nach zwei Grundkriterien geschnitten.

Erstens das Kriterium der Reife, das besagt: Respecte toujours la forme d'un fromage! Und sorge dafür, daß du einen Teil der Rinde und des Herzens vom Käse schneidest. Denn ein und derselbe Käse ist an unterschiedlichen Stellen unterschiedlich reif und entfaltet daher unterschiedliche Würze.

Zweitens das Kriterium der sozialen Reife. Dieses besagt: Évite de prendre un trop gros morceau de fromage! Schneide kleine Stücke von mehreren Käsesorten: Die anderen Gäste wollen auch die Chance haben, alle Sorten zu probieren! Fais plaisir à la maîtresse de maison en goûtant à plusieurs fromages! Probiere mehrere Käsesorten: Da freut sich die Gastgeberin! Prends un bout de croûte de chaque fromage! Schneide immer ein Stück Rinde mit. Der letzte Gast in der Runde wird Dir dankbar sein, sich nicht nur mit der Rinde zufriedengeben zu müssen: Diese wird oft sowieso nicht gegessen!

Coupe donc:

- la plupart des fromages ronds, carrés ou en pyramide comme tu couperais un gâteau
- les fromages de forme triangulaire (dreieckig) en pointe
- les fromages tels que le roquefort en biseau (mit schräger Schnittfläche)

Bon appétit!

IV Kapitel

De-du-de la-des für Feinschmecker

Mit *de-du-de la-de l'-des* verhält es sich wie mit der Kochkunst: Ein paar Grundrezepte sorgen für ein einfaches und gelungenes Essen. Wer feiner kochen möchte, wagt sich an neue Zutaten oder Kombinationen. Wollen Sie es selbst probieren?

Kleine Variationen für Mengenangaben

Sie kennen ihn ja schon, *de*, den König der Mengenangaben. Genauso wie die fröhliche und hungrige Gruppe meiner Kursteilnehmer ihn kannte. Wir saßen gemeinsam im Restaurant und übten ungezwungen mit dem Garçon, à son insu bien sûr:
Excusez-moi, pourriez-vous m'apporter *un peu de* pain, s'il vous plaît?
Est-ce que nous pourrions avoir *un peu plus de* légumes?
Vous avez *une carafe d'*eau?

Nach dem Mittagessen verweilte der Garçon noch bei uns. Auf die neugierigen Fragen, die ihm gestellt wurden, antwortete er:
— *Bien des* clients viennent une à deux fois par mois.
— Oui, *la majorité des* plats sont préparés le jour-même.
— Non, seulement *le tiers du* personnel est de la région.
— *La plupart de la* clientèle prend le menu touristique.

Die Alleinherrschaft von *de*, dem König der Mengenangaben, hatte ihr abruptes Ende gefunden. Es bestand Erklärungsbedarf. Meiner wissenshungrigen Meute mußte ich sofort erklären, daß *bien, la plupart, la majorité, la moitié, le quart, le tiers* (Drittel) und andere Bruchteile sich mit dem bloßen *de* nicht vertrügen und folglich mit *du-de la-de l'-des* serviert werden!

Jemand fragte mich noch, was wohl *Bien des clients viennent une à deux fois par mois* bedeuten könnte: «Ob es gut sei, daß die Gäste zweimal im Monat dort speisten», oder «ob er nur gute Kunden hätte, die so oft kommen würden». Hätten Sie die Antwort gewußt? Ich führte aus, daß *bien des* u.a. anstelle von *beaucoup de* auftritt, von manchen Gelehrten nicht als Adverb der Menge, sondern nur als bloße Verstärkung einer Äußerung anerkannt und mit *viel* oder *viele* übersetzt wird. In meinen Augen ist es übrigens pathetischer, gefühlsbetonter als das neutrale *beaucoup de*. Die Geschichte von Bekannten, die ein Restaurant für ihre Hochzeit suchten, sollte dies greifbar machen:

Après avoir lancé *bien des* invitations, ils ont visité *bien des* restaurants, ont goûté à *bien des* plats et ont pris *bien des* kilos. Après avoir enfin trouvé le restaurant de leurs rêves, ils ont fini par annuler leur mariage au regret de *bien des* invités!

Nach dieser kurzen Liebesgeschichte, die zum Bedauern vieler Hochzeitsgäste kurz vor dem Hochzeitsfest zu Ende ging, schlug ich meinen Kursteilnehmern vor, Alternativen zu *bien des* clicnts zu suchen. Wir stellten fest, daß wir wieder *de* einsetzen mußten:
Beaucoup de clients viennent déjeuner ici.
De nombreux clients viennent déjeuner ici.
Un grand nombre de clients vient déjeuner ici.

Wir machten uns sogar den Spaß, herauszufinden, welche Zutaten für die Steigerung von *viel*, also für *sehr viel*, in Frage kommen. *Très beaucoup* schied gleich aus, viel zu exotisch, um ohne Zähneknirschen aufgenommen zu werden. Auch die Alternative mit *plein de* gaben wir gleich wieder auf, da sie uns zu umgangssprachlich schien. Wir einigten uns auf zwei Varianten mit *très* und zwei Ausweichmöglichkeiten: *énormément de* und *une foule de*:
De très nombreux Français viennent déjeuner ici.
Un très grand nombre de Français vient déjeuner ici.
Énormément de Français viennent déjeuner ici.
Une foule de Français vient déjeuner ici.

Da das Interesse meiner Gruppe nicht nachließ, entschloß ich mich, noch eine Variation mit *bien* in Verbindung mit Begriffen in der Einzahl anzubieten. Hier die Zutaten:

- bien
- du, de la, de l'
- abstrakte Begriffe in der Einzahl wie: chance, mal, temps...

Et je racontai les mésaventures de mon beau-frère du Lac de Constance qui, lors d'un repas d'affaires en Normandie, à Caen, avait commandé au petit bonheur la chance la spécialité régionale. Ils lui servirent des tripes à la mode de... Caen!

Son collègue a eu *bien de la chance*: il s'est régalé avec son poisson. Lui, il a eu *bien du mal* à manger: il a horreur des tripes et il a mis *bien du temps* à finir son plat.

Er bekam Kutteln mit gelben Rüben und Tomatensauce, die er verabscheute, während sein französischer Kollege das Glück hatte, einen hervorragenden Fisch genießen zu dürfen. Er würgte sein Essen hinunter, und daraufhin wurde es ihm schlecht.

Jeder Deutsche, der Französisch lernt, landet sowieso spätestens nach fünf Kapiteln seines Lehrbuchs entweder beim Arzt oder in der Apotheke. Und wenn auch nur, um anhand dieser Beispiele den Teilungsartikel kennenzulernen. Manchmal aber auch wegen Kopf- oder Magenschmerzen, die die oft ausufernde Darstellung des Themas in manchen Büchern bei ihm verursacht hat.

Übrigens, ich kenne wenige Lehrwerke, die dieses Unwohlsein ausgenützt haben, um die Übersetzungsschwierigkeiten zwischen zwei ähnlichen, aber nicht gleichen Konstruktionen zu erläutern:
Eine Gruppe deutscher Studenten muß immer während eines Französisch-Kurses den Arzt aufsuchen.
Die Gruppe deutscher Studenten muß immer während eines Französisch-Kurses den Arzt aufsuchen.

Bevor Sie sich den Kopf zerbrechen, sage ich Ihnen gleich, wo der Unterschied liegt. Im ersten Satz wird diese Gruppe zum ersten Mal erwähnt. Im zweiten Satz ist diese Gruppe schon bekannt, erwähnt oder bestimmt worden, oder es handelt sich ausdrücklich um die *deutsche* Gruppe, im Gegensatz zu Studentengruppen anderer Staatsangehörigkeit. Deshalb werden die Sätze wie folgt übersetzt:
*Un groupe d'*étudiants allemands doit toujours aller chez le docteur pendant un cours de français.
Le groupe des étudiants allemands doit toujours aller chez le docteur pendant le cours de français.

Ein kleiner Tip dazu, une recette de grand-mère: Nach *un* kommt nie *des*. Folglich stimmt bei *un groupe des étudiants allemands* etwas nicht!

Nach dieser ersten Kochrunde, würde ich Ihnen gern eine neue Palette von Arrangements anbieten. Und damit das Trinken nicht zu kurz kommt, lade ich Sie ein zur Trinkkunst der Nichttrinker!

Variationen für Trinker und Nichttrinker

Wer zum Speisen ausgeht, freut sich nicht nur aufs gute Essen, sondern auch aufs gute Tröpfchen. *Apéritifs, vins* und *digestifs* bieten den Gastgebern eine einzigartige Chance, ihre Gäste besonders zu verwöhnen. Oft durch sorgfältig ausgesuchte Flaschen, avec les fameuses bouteilles que l'on sort de derrière les fagots.

Leider ist dieser Aufwand bei manchen Gästen umsonst, denn sie trinken keinen Alkohol:
Je suis désolé(e), mais je *ne* bois *jamais d'*apéritif.
Je suis navré(e), mais je *ne* bois *pas de* vin pendant les repas.
C'est vraiment dommage, mais je *ne* prends *jamais de* digestif.
Pour être franc(he), je *ne* bois *plus du tout d'*alcool.

Wer verneint, begnügt sich in der Regel mit dem einfachen *de*.

In Ausnahmefällen kann der jeweilige Gast auch von *du, de la, de l'* oder *des* kosten. Diese verneinten Variationen stehen in Verbindung mit *être*, *ne...que* oder *mais*. Sie sind übrigens viel leichter zu verkraften als ein unbeliebtes Getränk und erinnern mich immer wieder an einige Faux-pas beim Small-talk am Tisch:
Votre champagne est excellent!
Ce n'est pas du champagne, c'est du mousseux!

Vous *ne* buvez *pas que du* vin français, j'espère?
Si, pourquoi? Vous m'avez apporté du vin allemand?

Je n'ai jamais bu un vin rouge aussi bon!
On *ne* vous a *pas* servi *du* rouge, *mais du* rosé.

Alle Antworten deuten auf einen gereizten Gesprächspartner. Es geht auch um ein hochempfindliches Thema, und zwar um den verständnisvollen und feinfühligen Umgang mit dem edlen Tropfen. Und da sind Franzosen, wie beim Essen, extrem empfindlich! Wie im wahren Leben, werden Verneinungen manchmal eher suggeriert als ausgesprochen. Deshalb wird oft von absoluter und relativer Verneinung gesprochen, und der Umgang mit *de* oder *du* bedarf einer zusätzlichen Erklärung. Wie würden Sie zum Ausdruck bringen, daß Sie bei einer Einladung keinen Wein getrunken haben: «Je n'ai pas bu *de* vin» ou «Je n'ai pas bu *du* vin?»

Beides ist möglich. Tout dépend de ce que vous voulez dire.

Die erste Aussage ist eine absolute Verneinung und entspricht «wir haben (gar) keinen Wein getrunken». Die zweite Aussage ist eine relative Verneinung, die eine Ergänzung braucht. Der Hauptsatz ist übrigens in Wirklichkeit nicht verneint und bedeutet: «Wir haben zwar getrunken, aber keinen Wein, sondern...» Und dort verbirgt sich wieder ein – unausgesprochener – Widerspruch!

Wer diese Feinheiten zwischen *de* und *du* nach einem feucht-fröhlichen Gelage immer noch beherrscht, kann davon ausgehen, daß er diese Struktur auch im Schlaf richtig einsetzen wird.

Es ist nicht jedem gegeben, *nein* sagen zu können. Wir haben hier eine Auswahl von Möglichkeiten erprobt. Es liegt jetzt an Ihnen, Ihren Nutzen aus der Erkenntnis zu ziehen, und sich dabei bewußt zwischen *de* und *du-de la-de l'- des* zu entscheiden.

Bevor wir unser Kapitel mit einer Zusammenfassung abschließen, möchte ich Sie gerne zu einem kulinarischen Märchen zu Tisch bitten.

Variationen für einen Wolf

Il était une fois une petite fille qui portait toujours un petit manteau rouge avec un petit capuchon. C'est pourquoi on l'appelait le petit Chaperon Rouge (Rotkäppchen). Un jour, sa maman lui demanda d'aller porter à sa grand-mère malade un petit pot de confiture et une galette. Et elle lui conseilla de bien faire attention au loup toujours affamé qui habitait dans la forêt. Lorsque le petit Chaperon rouge arriva chez sa grand-mère, elle fut très étonnée de la trouver si changée, et lui dit:
Mère-grand, que vous avez *de grands bras*!
Mère-grand, que vous avez *de grandes oreilles*!
Mère-grand, que vous avez *de grands yeux*!
Mère-grand, que vous avez *de grandes dents*!

Worauf der ausgehungerte Wolf antwortete: «C'est pour mieux te manger mon enfant!» aus dem Bett sprang und das verschreckte kleine Mädchen verschluckte...

Dieses Märchen ist nicht nur interessant, weil der Wolf Rotkäppchen samt Großmutter verspeiste und beide ohne Kratzspuren und Verdauungsschäden überlebten, sondern auch, weil die Mehrzahl von *un-une* nicht mehr von *des* übernommen wird, wie im vorherigen Kapitel erwähnt, sondern von *de*! Das zweite Wunder der Geschichte sozusagen.

Dieses läßt sich aber – wie beinahe alle «Wunder» – leicht erklären: Steht ein Adjektiv vor einem Substantiv in der Mehrzahl, beansprucht das Adjektiv das Mehrzahl-*s* für sich allein und das vorangehende *des* wird zwangsläufig zu *de*. Deshalb sagt Rotkäppchen: «Mère-grand, que vous avez *de* grands bras!»

Um ganz ehrlich zu sein, «que vous avez *des grands bras*» wäre nicht falsch, hätte aber keine Universalgeltung. Denn nur bei kurzen oder häufig gebrauchten Adjektiven wie *petit, grand, beau* ist diese Alternative möglich. Auch wenn sie nicht so geschliffen klingt.

Hätte übrigens Rotkäppchen von *sehr* langen, riesigen «Attributen» gesprochen, hätte es keine Alternative gehabt:
Grand-mère, que vous avez *de très grands* bras!
Grand-mère, que vous avez *de trop grandes* dents!

Denn geht ein Adverb einem Adjektiv voran, muß *de* auftreten.

Würden wir heutzutage das Märchen neu schreiben und die Enkelkinder zuerst ins Einkaufszentrum schicken, damit sie für ihre Großmutter Erbsen und Brötchen kaufen, würden wir dies erwarten von *des petits-enfants* qui, dans *des grands magasins,* achètent *des petits pois* et *des petits pains*. Und zwar nicht, weil diese vorangestellten Adjektive kurz und geläufig sind, sondern weil die Wortgruppe Adjektiv und Substantiv eine unzertrennliche Gruppe, eine Sinneinheit, bildet. In unserer Geschichte wären *les petits-enfants* nichts anderes als *les petits-fils* et *les petites-filles,* die Enkelsöhne und Enkeltöchter der erkrankten Großmutter. Ob sie tatsächlich groß oder klein sind, wissen wir nicht...

Als Dessert bleibt uns noch eine kleine Aufstellung von Arrangements, die Ihnen dazu verhelfen möchte, Grundrezepte mit neuen Zutaten optimal zu kombinieren:

1 Je voudrais des olives (des Mehrzahl von un/une)
2 Je prends de l'eau minérale (du, de la, de l', des: Teilungsartikel)
3 Que vous avez de grandes dents (de + Adjektiv Mehrzahl + Substantiv)*
4 Deux kilos de pommes, un pot de cornichons (de für genaue Mengenangaben)**
5 Peu de confiture (Mengenadverb + de + Substantiv Einzahl/Mehrzahl: combien, peu, assez, beaucoup, plus, moins...)***
6 Je ne bois pas d'alcool (Verneinungen + de: ne...pas, ne...plus, ne.. jamais)+

Wo der Deutsche vom Ganzen nimmt, teilt der Franzose liebend gerne und natürlich à la française. Ich hoffe, daß Sie in diesem Kapitel einen

---

* Ausnahme zu 3: ils lui apportent *des* petits pois (*des* + feste Ausdrücke mit vorgesetztem Adj. in Mehrzahl)

** Ausnahme zu 4: le groupe *d'*étudiants allemands / *des* étudiants allemands

*** Ausnahme zu 5: bien *des* clients / bien *de la* chance (*bien du/de la/de l'/des*)
Ausnahme zu 5: le tiers *du* personnel est de la région (*la majorité, la moitié, le tiers...* + *du-de la-de l'-des)*

\+ *Ausnahme zu 6*: je n'aime pas le vin
Ausnahme zu 6: ce n'est pas *du* mousseux, mais du champagne! (*être, ne...que, mais* + *du-de la-de l'-des)*
Bemerkung zu 6: je n 'ai pas bu *de/du* vin (absolute/relative Verneinung + *du-de la-de l'-des)*

interessanten Einblick in die Koch- und Mischkunst der französischen Sprache gewonnen haben. Wenn Sie Lust haben, einige Leckereien selbständig zu zaubern, ist unsere Übungsküche ab sofort für Sie geöffnet! Mais n'en faites pas trop: Ce serait vraiment dommage que vous finissiez vous aussi chez le médecin avec une indigestion!

Anhang zum Haupttext

à son insu: sans qu'il le sache, ohne daß er es wußte

lors: pendant; während, bei

au petit bonheur la chance: auf gut Glück

la mésaventure: l'évènement désagréable

avoir du mal à faire quelque chose: jm schwerfallen etwas zu tun

mettre du temps à: Zeit brauchen um

avoir une indigestion: eine Magenverstimmung haben

l'apéritif: si vous êtes invité à *passer prendre l'apéro*, allez-y vers 19 heures, 19 heures 30. Et ne soyez sourtout pas déçu si on ne vous propose que des petits gâteaux salés, des cacahouètes ou des olives: le dîner n'est en général pas compris dans l'invitation.

le digestif: alcool qui se boit après le repas: Schnaps, Weinbrand, Likör zur Verdauungsförderung nach einer guten Mahlzeit

être désolé/navré: jm leid / sehr leid tun

c'est dommage: Schade

être franc: ehrlich sein

le mousseux: vin mousseux, Sekt

un loup affamé: un loup qui meurt de faim, ein ausgehungerter Wolf

conseiller à qn de faire qch: jm raten etwas zu tun. *Conseilla*, genausowie *demanda, arriva, fut* et *dit* sind im passé simple konjugiert, eine alte Zeitform, die in der gesprochenen Sprache durch passé composé ersetzt wird.

faire attention à: auf etwas/jd aufpassen

être étonné: être surpris. Überrascht sein

en faire trop: exagérer, sich übernehmen

finir chez le médecin: beim Arzt landen

Lektüre I

Mon oncle Julien au café

Je ne vous ai jamais parlé de mon oncle Julien? Non? Ça m'étonne... Parce que mon oncle Julien, c'est quelqu'un! Il fait rire tout le monde... ou presque!
L'autre jour, nous sommes allés prendre le petit déjeuner à Biarritz, dans un petit café en bord de mer. Il appelle le garçon et lui dit:
— Apportez-nous donc deux cafés au lait avec des croissants, s'il vous plaît!
— Je suis désolé, Monsieur, mais nous n'avons pas de croissants!
— Eh bien, ça ne fait rien! Apportez-nous donc deux thés avec des croissants!
— Je suis vraiment désolé, mais à cette heure-ci, nous n'avons en général plus de croissants!
— Il vous reste des infusions?
— Oui, monsieur!
— Nous prendrons donc deux infusions avec des croissants!
— Mais Monsieur, comme je vous l'ai déjà dit, il ne nous reste plus du tout de croissants.
— Eh bien, puisque c'est comme ça, nous ne prendrons que des croissants!
Vous auriez dû voir la tête du garçon... Mon oncle Julien, il fait rire tout le monde ... ou presque!

Anhang zur Lektüre I

c'est quelqu'un: das ist vielleicht einer

il fait rire tout le monde: er bringt jeden zum Lachen

l'autre jour: vor kurzem

des infusions: Kräutertees, die sich auch *tisane*s nennen, besonders die, die am Abend zu sich genommen werden. Diese Getränke sind bei Franzosen Genußmittel, weniger Heilmittel. Le soir, après le repas, certains Français aiment bien se retrouver tranquillement pour boire une boisson chaude faite à base de plantes: une infusion ou une tisane. Les plus connues sont les tisanes de menthe (Minze), de tilleul (Lindenblüten), de verveine (Eisenkraut) ou de camomille (Kamille), cette dernière étant en Allemagne associée à la maladie plutôt qu'au plaisir.

plus du tout: gar keine mehr

puisque c'est comme ça: wenn es so ist

Lektüre II

Ne crois jamais un Souabe qui parle d'argent

Quand *la plupart de* mes amis ont appris que j'allais vivre dans le Bade-Wurtemberg, ils m'ont avertie: «Fais attention, *la majorité des* Souabes sont radins comme pas deux. Ce sont *de vrais* Auvergnats: ils lâchent leur argent avec un élastiquc. En plus, ils ont un étonnant rapport à l'argent. S'ils te disent qu'ils *n'*ont *pas d'*argent, ne les crois surtout pas, car tout Souabe qui se respecte a forcément *de l'*argent quelque part, peut-être même *énormément d'*argent, mais pas pour le dépenser. S'ils te jurent qu'ils *n'*ont vraiment *pas d'*argent, soit ils mentent, soit *ce ne sont pas de vrais* Souabes!»

Anhang zur Lektüre II

la plupart: die meisten

avertir: warnen

être radin: geizig sein

lâcher son argent avec un élastique: knauserig sein

qui se respecte: der etwas auf sich hält

jurer: schwören

mentir: lügen

Formulierungsübungen

I Aus einem französischen Urlaub

1. In Frankreich kaufe ich nie Zeitungen.

___

2. Ich lese keine französischen Zeitschriften.

___

3. Ich spreche nur mit Franzosen, mit vielen Franzosen.

___

4. In den Bars sitzen oft sehr schöne, sehr elegante Frauen.

___

5. Sehr viele Kneipen haben Computer mit großen Bildschirmen.

___

6. Eine Menge Studenten arbeiten dort.

___

7. Die meisten Studenten müssen Geld verdienen, um ihr Studium zu finanzieren.

___

8. Die Studentengruppe, die sich immer in meiner Kneipe trifft, ist sehr freundlich.

___

___

9. In Frankreich habe ich Glück, viel Glück, sehr viel Glück.

___

10. Ich kann Wein, viel Wein, sehr viel Wein trinken und bekomme selten Kopfschmerzen.

____

____

II Wer hat das gesagt?

Übersetzen Sie bitte dieses Zitat und raten Sie, wer das gesagt hat: ein berühmter Journalist, ein Staatspräsident oder ein Komiker?
«En France on n'a pas de pétrole, mais on a des idées!»

III Und wie sagen Sie es auf Deutsch?

1. Avec des chiens, on ne fait pas des chats.

____

2. Il n'y a pas de fumée sans feu.

____

3. Ce n'est pas de la tarte.

____

IV Feste Ausdrücke erkennen

Übersetzen Sie diese Ausdrücke.

La petite-fille
Le petit-fils
Les petits-enfants
Le petit coin
Le faux-monnayeur
Le grand magasin

La petite fille
Le petit garçon
Le petit-bourgeois
Le faux bijou
Le grand homme
Les petits pois

V Übersetzung der Lektüre II

Vorschläge zu den Formulierungsübungen

I Aus einem französischen Urlaub

1. En France, je n'achète jamais de journaux.
2. Je ne lis pas de magazines français.
3. Je ne parle qu'avec des Français, avec beaucoup de Français.
4. Dans les cafés, il y a souvent de très belles femmes, des femmes très élégantes.
5. De très nombreux cafés ont des ordinateurs avec de(s) grands écrans.
6. Une foule d'étudiants y travaille.
7. La plupart des étudiants doivent gagner de l'argent pour financer leurs études.
8. Le groupe des étudiants qui se retrouve(nt') toujours dans mon café est bien sympathique.
9. En France j'ai de la chance, bien de la chance / beaucoup de chance, énormément de chance.
10. Je peux boire du vin, beaucoup de vin, énormément de vin et j'ai rarement mal à la tête.

II Wer hat es gesagt?

«En France, on n'a pas de pétrole, mais on a des idées!»

Der Satz stammt von Valéry Giscard d'Estaing (VGE), ancien Ministre des finances et Président de la République (XXème siècle).

Lors de la crise du pétrole des années 70, VGE a proposé de faire la chasse au gaspi. Une de ses idées fortes était que les fonctionnaires baissent le chauffage dans leurs bureaux et portent des pulls, par mesure d'économie.

Seitdem wird dieser kleine Satz öfters stolz-ironisch zitiert, wenn man über keine (konventionellen) Mittel verfügt und trotzdem ein Problem zu lösen versucht...

la chasse au gaspi (gaspillage): die Jagd gegen die Verschwendung
les fonctionnaires: die Beamten

III Und wie sagen Sie es auf Deutsch?

1. Avec des chiens, on ne fait pas des chats: Der Apfel fällt nicht weit vom Stamm.
2. Il n'y a pas de fumée sans feu: Kein Rauch ohne Feuer.
3. Ce n'est pas de la tarte: Es ist kein Zuckerschlecken.

IV Feste Ausdrücke erkennen

Übersetzen Sie diese Ausdrücke

Petite-fille: Enkelin
Petit-fils: Enkel
Petits-enfants: Enkelkinder
Petit coin: Örtchen
Faux-monnayeur: Geldfälscher
Grand magasin: Kaufhaus
Petite fille: kleines Mädchen
Petit garçon: kleiner Junge
Petit-bourgeois: Spieß-/Kleinbürger
Faux bijou: Schmuckfälschung
Grand homme: berühmter Mann
Petits pois: Erbsen

Zur Erinnerung: Bei Wortgruppen mit Adjektiv + Substantiv, die eine Sinneinheit bilden, wird in der Mehrzahl *des* statt *de* eingesetzt: des petites-filles, des petits-fours, des faux-monnayeurs usw...

V Übersetzung der Lektüre II

Glaube niemals einem Schwaben, der vom Geld spricht

Als die meisten meiner Freunde erfuhren, daß ich vorhatte, in Baden-Württemberg zu leben, haben sie mich gewarnt: «Die meisten Schwaben sind geizig wie nur was. Das sind wahre Auvergner: Sie sind sehr knauserig. Außerdem haben sie eine merkwürdige Beziehung zum Geld. Sollten sie Dir sagen, daß sie kein Geld haben, glaube ihnen kein Wort. Denn jeder Schwabe, der etwas auf sich hält, hat zwangsläufig auch irgendwo Geld, vielleicht sogar sehr viel Geld, aber nicht, um es auszugeben. Sollten sie schwören, daß sie wirklich kein Geld haben, lügen sie, oder sie sind keine echten Schwaben!

V. Kapitel
Frauen und weiblich sein

«Stimmt es, daß ich immer nur auf das Gegenteil des deutschen Artikels zurückgreifen muß, um herauszufinden, ob ein Substantiv im Französischen männlich oder weiblich ist?» fragte mich Marion vor vielen Jahren. Als frisch gebackene Französisch-Lehrerin in Deutschland wurde ich zum ersten Mal mit dieser These konfrontiert und überlegte kurz: Der Wagen – *la* voiture, die Garage – *le* garage, das Meer – *la* mer. Hatte Marion womöglich recht? Ich experimentierte weiter: die Zeitung – *le* journal, die Nummer – *le* numéro, die Pastete – *le* pâté, das Rennen – *la* course, das Datum – *la* date, der Salat – *la* salade. C'était trop beau pour être vrai! Et très vite d'autres exemples devaient me rappeler que les apparences étaient trompeuses. Comment pouvait-il en être autrement lorsque *le/la* avaient pour contrepartie allemande non seulement *der/die*, mais aussi *das*! Der Schein trog also. Spätestens bei der natürlichen Geschlechtertrennung waren auch in Französisch ein Mann männlich und eine Frau weiblich...

Von der natürlichen Geschlechtertrennung

Die Biologie liefert bei der Entscheidung über das grammatische Geschlecht wertvolle Anhaltspunkte. Und die Familie schöne Beispiele:
La femme est la tendre moitié du mari et la mère celle du père.
Le fils et la fille sont les adorables rejetons du couple.

Hier herrschen klare Verhältnisse. Ich mußte aber schnell feststellen, daß auf dem Gebiet der natürlichen Geschlechtertrennung die Probleme mehr auf der sozialen als auf der grammatischen Ebene zu finden waren.

Was würden Sie z.B. zu dem süßen Sprößling sagen? *Un* oder *une* enfant? Beides ist theoretisch möglich, auch wenn die zweite Form etwas altmodisch klingt. Warum ist das deutsche Kind eigentlich ausschließlich sächlich? Wird es in Deutschland als

Ding betrachtet? Und warum sind auch die Worte *Mädchen* und *Fräulein* sächlich? Hat es nur mit der grammatischen Forderung der Endung *-chen/-lein* nach dem sächlichen Geschlecht zu tun? Pourquoi les jeunes filles allemandes tiennent-elles donc à se faire appeler très tôt *Madame* au lieu de *Mademoiselle*? Viele achtzehnjährige Fräuleins in Frankreich würden auf die Barrikaden gehen, wenn sie *Madame* genannt würden, ohne dafür unter die Haube gekommen zu sein. Denn das würde nahelegen, daß sie schon alt oder verbraucht aussehen und daß somit der frische und zwanglose Begriff *Mademoiselle* für sie nicht mehr passend wäre. Einmal besuchte ich mit meiner kleinen Schwester eine Diskothek, und plötzlich sagte der Diskjockey:

«La petite demoiselle en robe verte a gagné une boisson alcoolisée!»

La petite demoiselle, damit war ich gemeint, mit meinem Meter fünfundfünfzig und 29 Jahren. So eine Anrede war Balsam für meine Seele ... und löste Empörung aus bei meinem elf Jahre jüngeren, hübschen Schwesterchen, das gerade ihr Abi mit mir feierte!

Ich werde oft gefragt, bis zu welcher Altersgrenze *Mademoiselle* verwendet wird. Es gibt dafür keine feste Regel. Ich würde sagen, in etwa bis zum 25. Lebensjahr. Der «Petit Robert», unsere Bibel für Definitionen, hält sich dagegen sehr zurück und gibt für *demoiselle: femme célibataire* an. Es würde mir aber schwerfallen, eine ledige Mutter als *demoiselle* zu bezeichnen oder *Mademoiselle* zu nennen. Es sei denn, sie sieht sehr jung aus, und ich mache ihr damit ein Kompliment. Oder sie ist Künstlerin, Schauspielerin, Sängerin, die nach einer jedoch nicht allen Franzosen bekannten Regel das Privileg haben, generell mit *Mademoiselle* angeredet werden zu können, z.B. Mademoiselle Coco Chanel oder Mademoiselle Adjani.

Eine Frau gewissen Alters, die nicht verheiratet ist und keine Kinder hat, *une vieille fille*, würde ich dagegen rücksichtsvoller Weise nicht mit *Mademoiselle* ansprechen, es sei denn, sie besteht darauf. Wie bei meiner lieben siebzigjährigen ledigen Tante, deren Weihnachtspost ich stets an *Mademoiselle* Borde adressiere. Wäre meine liebe Tante ein Mann, wäre sie übrigens *un vieux garçon*: Ein Junggeselle!

A propos de *garçon*: Was sagen Sie denn, wenn der Kellner eine Kellnerin ist? Ah, aaaaah. Wenn die Frau jung aussieht und nicht verheiratet ist: *Mademoiselle*, bien sûr! Wobei ich *Garçon, Mademoiselle, Monsieur* oder *Madame* eher vermeide, obwohl alle Formen vollkommen zulässig sind. Ich würde *Excusez-moi!* rufen und mit gestrecktem Arm und Kopf versuchen, die Aufmerksamkeit der Bedienung auf mich zu lenken. Damit habe ich bei dem *serveur* oder bei der *serveuse* mit Sicherheit mehr Erfolg als mit «Hallo». Denn das französische *allô* wird ausschließlich am Telefon eingesetzt!

Übrigens, die Formulierungen *une mademoiselle, une madame* sind ebenso lustig wie falsch. Ähnliches gilt für *la mademoiselle* oder *la madame*. *Une/la dame, une/la demoiselle* werden hingegen allgemein als korrekt erachtet. Die *messieurs* sind in diesem Fall pflegeleichter und bleiben immer bei *un/le monsieur*!

Frauen und Beruf: eine übl... Geschichte

À propos de femmes: In unserer sogenannten Männer-Welt waren sehr lange bestimmte Berufe nur für Männer reserviert. Mais petit à petit les femmes se sont fait une place au soleil. Ob der Platz wirklich an der Sonne ist, bezweifele ich manchmal. Tatsache ist aber, daß wir uns heute einer steigenden Anzahl von Ingenieuren, Schriftstellern, Ärzten, Sachverständigen in Röcken gegenübersehen.

Diese Frauen haben schon manche in die Bredouille gebracht. Wie würden Sie es zum Beispiel ausdrücken, daß Ihre Frau, Mutter oder Freundin Ingenieur von Beruf ist? «Elle est ingénieure?» Das wäre mir in Frankreich neu! «Elle est *ingénieuse*»? Nicht schlecht! Schließlich mag es ja zutreffen, daß sie *erfinderisch, sinnig* oder *einfallsreich* ist. Und Frau und Mann brauchen sicherlich diese Eigenschaften, um als Ingenieur erfolgreich zu sein. Richtig aber ist: c'est *un ingénieur* oder *une femme ingénieur. Un ingénieur femme* ist auch denkbar. Die Regel verlangt nämlich, daß das Wort *femme* grundsätzlich nachgestellt wird, was, unter uns gesagt, im täglichen Gebrauch häufig ignoriert wird.

Eine Schriftstellerin ist *un auteur* ou *un écrivain*, möglicherweise auch *une femme auteur/écrivain*. Sie können aber auch gerne das Wort *femme* weglassen, wenn der Kontext klar ist. Dies gilt übrigens für alle Berufsbezeichnungen.

Erstellt eine Frau Gutachten, *des rapports d'expertise*, ist sie *un expert* – eine Sachverständige. Was nicht ausschließt, daß sie auch *une experte* sein kann, weil sie irgendein Gebiet sehr gut beherrscht. Doch darf dieses Gebiet kein Geheimnis bleiben, sonst fragen wir uns «C'est *une experte* en quoi?»

Pour les mensonges, *c'est une experte!* Lügen ist ihr Metier!

Elle est *experte en sorcellerie*. Sie beherrscht die Hexerei sehr gut!

Von der Hexe, la sorcière, zur Medizinfrau ist es ein Katzensprung. Die weibliche Form von médecin ist un médecin oder une femme médecin und auf keinen Fall médecine, was den Studiengang Medizin bezeichnet, und sprechen Sie eine Ärztin an, sagen Sie Docteur, obwohl das Wort doctoresse immer noch existiert:

Ma femme n'est ni une sorcière, ni une tigresse: c'est *une doctoresse*, n'est-ce pas *Docteur?*

Sollten Sie kein Arzt und trotzdem Doktor sein, tragen Sie sicherlich sowohl als Frau wie auch als Mann den Ehrentitel *Docteur*. Egal, ob Männlein oder Weiblein, Sie stellen in Frankreich höchstens auf Ihrer Visitenkarte etwas dar. Erwarten Sie nicht, daß die Gallier Sie mit Ihrem Doktor-Titel ansprechen. So ein Titel wirkt angeberisch, geschwollen und so unnatürlich, daß Sie damit weder Respekt noch Bewunderung erheischen, sondern lediglich Spott und Belustigung. Sie bestehen trotzdem auf Ihren Titel? Bonne chance!

Bei manchen Berufsbezeichnungen führt der bloße Artikelaustausch zur korrekten weiblichen Forn: *Un journaliste – une journaliste* oder *un juge – une juge* (Richter/in).

Aber versuchen Sie dies mit *professeur*. Sind Sie schon in die Falle gegangen? Für Frau wie Mann heißt es immer noch *le professeur*, auch wenn als Erweiterung oder Variante die Abkürzung *prof.* Anspruch auf *le* ou *la* hat. Kommt Ihre kleine Nichte von der Schule und erzählt sie hintereinander von: «*le* professeur de gymnastique» und «*la* prof. de gymnastique», brauchen Sie nicht denken, daß es zwei Personen sind. Il s'agit sans doute de la même personne.

Nicht nur die Arbeitswelt wird von Frauen erobert. Auch im öffentlichen Leben sind sie nicht mehr aufzuhalten, die Frauen! Und sie sorgen für immer mehr Unruhe unter den Männern, die offensichtlich gekränkt sind, daß die Frauen auf ihrer sprachlichen Weiblichkeit bestehen.

Ob als Ministerin, *ministre*, Abgeordnete, *député*, oder Oberbürgermeisterin, *maire*, überall sind sie zu finden. Und doch ist es in Frankreich noch umstritten, wie sie in diesen hohen Positionen zu nennen sind. Während in anderen Französisch-sprechenden Ländern wie Belgien, Schweiz, Kanada z.B. *Madame la Députée* durchaus geläufig ist, mußte Lionel Jospin, Premier Ministre socialiste, als er seine Amtzeit 1997 antrat, die Bezeichnung *La Ministre* per Verordnung einführen, was wiederum die Académie Française aufwühlte. Außerdem wurde prompt der Ausschuß zur Feminisierung des Wortschatzes im Verwaltungswesen gegründet: *la Commission de la féminisation du vocabulaire administratif.* Trotz Jospins Bemühungen und aller Fraulichkeit bleibt es noch bei einigen Begriffen bei *le*: *Madame le Député, Madame le Maire, Madame le Consul* oder *Madame l'Ambassadeur*. Dabei kann es auch durchaus das einzige Verdienst dieser zwei letzten charmanten Damen sein, mit dem gnädigen Herrn Konsul oder Herrn Botschafter vermählt zu sein.

Bei der *Ambassadrice* kann es sich sogar um eine Frau handeln, die eine besondere Botschaft vermitteln möchte oder eine Gruppe vertritt: «Madame Ducollier est la charmante *ambassadrice* de l'association Sans Famille qui s'occupe des chiens abandonnés.»

Zu Ihrer Beruhigung: Es ist vorauszusehen, daß sich die Lage zugunsten der französischen Frauen und der Französisch-Lernenden entwickeln wird. Bereiten Sie sich heute schon auf den Sieg des *la* vor! Und ziehen Sie selbst in den Kampf um weibliche Formen: Mit dem folgenden Übungsteil sind Sie gleich dabei!

Anhang zum Haupttext

la tendre moitié: die armen französischen Männer haben keine bessere Hälfte. Vielleicht sind sie sich selbst gut genug. Jedoch haben sie eine zärtlichere Hälfte.

les adorables rejetons: die goldigen Sprößlinge

tenir à: auf etwas bestehen

auf die Barrikaden gehen: ici *faire des bonds*

unter die Haube kommen: se *faire passer la bague au doigt*

es war Balsam für meine Seele: *ça m'a mis du baume au coeur*. In Frankreich streichen wir Balsam nicht auf unsere Seele, sondern über unser Herz.

à propos de: was ... anbelangt

allô: au téléphone, dans la vie privée, la personne appelée ne se présente jamais par son nom de famille, mais en disant *allô*. C'est à la personne qui appelle de se présenter: «Bonjour, c'est Marie Dachy, à l'appareil!» Dans la vie professionnelle, par contre, la règle exige que celui qui décroche se présente: «Cabinet du docteur Leblanc, bonjour!»

petit à petit: nach und nach

sie haben schon manche in die Bredouille gebracht: *elles ont déjà mis certaines personnes dans une position difficile*

c'est une tigresse: Sie ist eine «Furie».

sie sind nicht mehr aufzuhalten: *on ne peut plus les arrêter/retenir*

sans doute: wahrscheinlich. «Ohne Zweifel» läßt sich eher mit sans aucun doute übersetzen.

L'Académie Française: fondée en 1635 par Richelieu. Ses membres, au nombre de 40, sont nommés à vie et appelés les «Immortels». Elle se compose d'auteurs, de professeurs, de militaires, d'évêques... Leur rôle aujourd'hui est de défendre la pureté de la langue française, en particulier contre l'invasion des mots anglais!

Lektüre I

Histoire de femmes

Ce jour-là, j'avais invité Peter et sa femme à dîner.

En partant, voulant me faire un compliment, ils m'avaient dit:

«Nous avons passé une soirée très agréable. Vous êtes une très bonne femme de ménage.»

J'étais très heureuse qu'ils aient trouvé la maison propre, mais entre *maîtresse de maison, femme au foyer et femme de ménage,* comme tant d'autres Allemands ils n'avaient pas su choisir et avaient fait de moi une simple *Putzfrau*!

Anhang zur Lektüre I

maîtresse de maison: Hausherrin, Gastgeberin. Il existe aussi le mot *hôtesse* pour Gastgeberin.

femme au foyer: Hausfrau. Wird oft mit *mère de famille* (Mutter) verwechselt

femme de ménage: Putzfrau

Lektüre II

Madame le Ministre

Depuis que les femmes ont fait leur apparition en force sur la scène politique, un nouveau débat passionne les Français: un véritable bras de fer s'est engagé entre les puristes de la langue française et ceux que nous appellerons les progressistes. Et ce, parce que nos ministres femmes revendiquent le LA.

Pourquoi devrait-on s'adresser à Madame Y en lui disant «Madame *le* Ministre»? Nos *hommes politiques en jupons*, puisque le terme de *femme politique* pour *Politikerin* n'existe pas encore, exigent à cor et à cri qu'on dise *la* ministre du travail, *la* ministre de l'environnement, *la* ministre de la justice. Et dans un pays comme la France, où l'on aime passer des heures entières à discuter de problèmes de langue, de nombreux foyers trouvent en ce dilemme un thème de discussion de choix. Alors, c'est *le* ou *la* ministre? La plus grande instance, je veux dire l'Académie Française, a tranché. Cela est et cela restera *le*! «Mais si cela pose un problème existentiel à ces dames, qu'elles se fassent appeler «Madame *la* Ministre», au mépris de la correction grammaticale», a ajouté, non sans ironie, l'un de ses représentants lors d'une interview sur une radio nationale.

Anhang zur Lektüre II

ministre: wie *monsieur, madame...* wird bei der Anrede großgeschrieben

la scène politique: das politische Leben

engager un véritable bras de fer: miteinander ernsthaft die Kräfte messen

exiger à cor et à cri: ungestüm fordern

passer des heures entières à faire quelque chose: stundenlang etwas tun

le foyer: der Haushalt; im wirtschaftlichen Sinne, sonst ist es der Feuerplatz, das Heim

un thème de choix: ein beliebtes Thema

trancher: energisch/entgültig entscheiden

poser un problème existentiel: ein lebenswichtiges Problem darstellen

Lektüre III

Je vous présente Madame Rose

«Schmidt», suivi d'un hochement de tête, d'une main tendue... et monsieur Schmidt s'est déjà présenté. À moins qu'il n'ait un titre... ce qui fait toute la différence: «Professor Doktor Schmidt!»

«Pierre Durand», suivi d'un très léger hochement de tête, d'une main tendue... et monsieur Durand s'est déjà présenté. Même s'il a un titre... ce qui fait toute la différence!

Mais en règle générale les Français ne se présentent pas eux-mêmes: ils laissent aux autres le soin de les présenter. L'expression consacrée est alors: «Je vous présente Madame/Monsieur X.»

Les présentations se font selon trois critères: on présente un homme à une femme, la personne la moins âgée à la plus âgée, la personne en position subalterne à celle qui est en position supérieure.

Si Pierre souhaite saluer monsieur Schmidt, accompagné de son épouse, il dira «Bonjour Madame, bonjour Monsieur», sans ajouter leur nom de famille.

S'il est marié, il présentera sa «femme». S'il ne l'est pas, il présentera dans un cadre conventionnel sa «compagne», dans un cadre moins formel son «amie».

Et monsieur Durand présentera toujours ses amis en évitant d'annoncer «Monsieur» ou «Madame» suivi seulement par le prénom. Il paraît que «Je vous présente Madame Rose» fait plutôt mauvais genre.

Anhang zur Lektüre III

un hochement de tête: ein Kopfnicken

tendre la main: die Hand reichen. *Faire la bise* est dans certains cas aussi possible. Attention, selon les régions on en fait deux, trois ou quatre. Les hommes entre eux préfèrent en général se serrer la main, sauf au sein d'une même famille. De toute façon, en tant qu'étranger vous devez vous laisser guider par le geste initié par le Français ou la Française que vous embrassez. Ich persönlich bevorzuge, meinen Kopf zuerst nach links zu neigen und mit meiner rechten Wange mein Gegenüber zu begrüßen. In Frankreich ist der «Kuß» dabei eine Andeutung und trifft nicht die Wange sondern die Luft, allerdings ist er deutlich zu hören.

à moins que: es sei denn

même si: selbst wenn

laisser à qn le soin de: jm überlassen, etwas zu tun

en position subalterne: in einer untergeordneten Position

il paraît que: man sagt

Madame Rose: cette structure est réservée aux milieux de la prostitution.

Formulierungsübungen

I Devinette. Ein Rätsel über den Verwandtschaftsgrad

Un accidenté de la route est amené à l'hôpital. Lorsque le chirurgien voit arriver le blessé dans la salle d'opération, il s'écrie: «Mon Dieu, mon fils!» Quel est le lien de parenté entre le médecin et le patient?

___

II Übersetzung: La fille de ma soeur!

1. Die Tochter meiner Schwester ist ein charmantes 18jähriges Fräulein.

___

2. Sie arbeitet nachts in einer Bar als Bedienung.

___

3. Die Gäste rufen sie alle fünf Minuten: Fräulein hin, Fräulein her!

___

4. Sie will keine alte Jungfer sein.

___

5. Sie will Ärztin werden.

___

6. Man wird sie dann Frau Doktor nennen.

___

III Le ou la: Was ist sie von Beruf?

1. Elle vous sert à boire et attend son pourboire:

___

2. Elle travaille dans un lycée, gagne en France peu d'argent, mais a beaucoup de vacances:

3. Elle est à la tête de sa ville, et risque sa propre tête:

4. Elle est au gouvernement et espère bien y rester:

5. Elle transforme les bruns en blonds et les blonds en bruns:

IV Übersetzung der Lektüre II

Vorschläge zu den Formulierungsübungen

I Devinette. Ein Rätsel über den Verwandtschaftsgrad

Ein Opfer des Straßenverkehrs wird in ein Krankenhaus eingeliefert. Als der «Chirurg» (nur die männliche Form ist im Französischen möglich) den Verletzten im OP empfängt, ruft er: Mein Gott! Mein Sohn!

Welcher Verwandtschaftsgrad verbindet den «Arzt» mit dem Patienten?

Le chirurgien est le père ou la mère du blessé.

II La fille de ma soeur

1. La fille de ma soeur est une charmante demoiselle/jeune femme de 18 ans.
2. Elle travaille la nuit comme serveuse dans un bar.
3. Les clients l'appellent toutes les cinq minutes: Mademoiselle par ici, Mademoiselle par là!
4. Elle ne veut pas rester vieille fille.
5. Elle veut devenir médecin.
6. On l'appellera alors «Docteur»!

III Le ou la? Was ist sie von Beruf?

1. Elle vous sert à boire et attend son pourboire: la serveuse.
2. Elle travaille dans un lycée, gagne en France peu d'argent, mais a beaucoup de vacances: le professeur / la prof.
3. Elle est à la tête de sa ville, et risque sa propre tête: le maire.
4. Elle est au gouvernement et espère bien y rester: le/la ministre.
5. Elle transforme les bruns en blonds et les blonds en bruns: Non, ce n'est pas la sorcière, mais la coiffeuse!

IV Übersetzung der Lektüre II

Seitdem die Frauen en masse im politischen Leben erschienen sind, begeistert eine neue Debatte die Franzosen: Zwischen den Puristen der französischen Sprache und den von uns so genannten Progressisten ist eine regelrechte Kraftprobe entstanden. Der Grund dafür? Unsere Ministerinnen verlangen das *la*. Warum sollte Frau Y mit «Madame le Ministre» angesprochen werden? Unsere *hommes politiques en jupon* – Politiker in Röcken, der

Begriff *femme politique* für Politikerin existiert ja noch nicht – verlangen ganz laut ihren *la* ministre du travail, *la* ministre de l'environnement, *la* ministre de la justice. Und in einem Land wie Frankreich, wo über die Sprache gerne stundenlang diskutiert wird, ist dieses Dilemma für viele Familien ein gefundenes Fressen. Was denn nun? Heißt es *le* oder *la* ministre? Die höchste Instanz, ich meine die Académie Française, hat schon entschieden: Es ist und bleibt *le*.

«Wenn es für diese Damen eine existentielle Frage ist, sollen sie sich entgegen aller grammatischer Inkorrektheit als ‹Madame la Ministre› bezeichnen lassen», fügte einer ihrer Vertreter etwa spöttisch in einem Interview für einen nationalen Radiosender hinzu.

Eine deutsche Stimme zum Thema: Le oder La?

Glosse in der Ludwigsburger Kreiszeitung vom 1. Juli 1998

Professorin

Frankreichs oberste Sprachhüter haben in ihrem Kampf gegen weibliche Berufsbezeichnungen eine neue Runde eingeläutet: Nach der «Madame la Ministre» haben die vierzig «Unsterblichen» der *Académie française* am Quai Conti nun auch die Forscherin oder Professorin ins Visier genommen. Für die «Reinheit» der Berufsnamen will die Akademie, so Sekretär Maurice Druon, gar höchste Gerichte bemühen. «Die Zueignung einer Funktion durch die Person, die sie ausübt, widerspricht dem Verfassungsprinzip der Gleichheit», argumentiert die Akademie, die auch nach der Aufnahme der ersten Frauen in der überwiegenden Mehrheit natürlich aus Männern besteht.

Erst im Januar hatte es einen zum Teil auch belächelten Streit zwischen der Akademie und der Regierung um die Bezeichnung der weiblichen Kabinettsmitglieder gegeben. Die «Unsterblichen» verurteilten, daß sich einige Ministerinnen als «Madame la Ministre» ausgaben, anstatt den männlichen Artikel «le» für die Bezeichnung Minister zu benutzen. Druon wirft Bildungsminister Claude Allègre und Schul-Staatsministerin Ségolène Royal die Mißachtung der Akademie vor. Denkbar wäre ja, daß die «Unsterblichen» auch nur beleidigt sind. dpa

Anhang zum deutschen Artikel

Quai Conti: l'endroit où siègent, à Paris, les membres de l'Académie française (Amtssitz). On utilise souvent le nom de la rue ou du bâtiment où s'exerce une fonction, où siège une institution, pour désigner cette fonction/institution. On dit «l'Elysée» pour la présidence de la République, «Matignon» pour les services du Premier Ministre et de son gouvernement, le «Quai d'Orsay» pour le Ministère des Affaires étrangères, et... «Quai Conti» pour l'Académie française!

VI Kapitel
Vom Verwirrspiel der Geschlechter

Gemeinhin ist die Versuchung groß, das *e* am Ende eines Wortes allgemein als Garanten, als Vitamin *e* der weiblichen Form zu betrachten. Statistiquement parlant, c'est un bon truc. Statistisch gesehen hat man damit gute Chancen, weiblich von männlich zu unterscheiden. Ausnahmen gibt es aber auch hier. So habe ich mir einen Spaß daraus gemacht, die für Deutsche typischen Geschlechtsprobleme zu untersuchen.

Von dem *e* und der Entdeckung weiblicher Länder

Was, um Gottes Willen, verunsichert meine lieben Deutschen so, wenn Sie in Französisch über Länder und Kontinente reden. Völlig eindeutig ist, daß die fünf Kontinente auf *e* enden und somit weiblich sind: *l'Europe, l'Asie, l'Afrique, l'Australie* et *l'Amérique*. Wie übrigens auch die meisten Länder unseres alten Kontinents, ausgenommen *le Danemark, les Pays-Bas* ou *le Portugal*. Taucht das Wort *République* auf, führt dies zwangsläufig zu *la*, c'est le cas de *la République tchèque*, geht es um das Britische Königreich, heißt es *le Royaume Uni*. Wer die Regel des Endungs-*e* als Merkmal für die weibliche Form erkennt, fällt nie und nimmer auf die Nase... tja, wenn es nicht gerade um *le Mexique, le Cambodge* oder *le Bengale* geht.

Es ist den wenigsten Deutschen bewußt, daß Ländernamen in ihrer Muttersprache in der Regel sächlich sind und ohne Artikel eingesetzt werden: Also versuchen sie unbewußt, diese Sprachstruktur zu übertragen, stoßen auf die französischen Artikel und geraten ins Schleudern. Die meisten von ihnen können sich ja nicht auf *Cuba* und *Israël* beschränken, die sogar im Französischen keines Artikels bedürfen. Oder auf Länder wie beispielweise *die* Schweiz, *den* Iran oder *den* Irak, die ausnahmsweise im Deutschen mit Artikel eingeführt werden und zum Glück das gleiche Geschlecht wie im Französischen nachweisen: *la Suisse, l'Iran, l'Iraq*. Oder auf Länder, die im Deutschen auf *-ei* enden, wie *die*

Mongolei, Slowakei, Türkei, und in Französisch systematisch auf ie enden und somit weiblich sind: *la Mongolie, la Slovaquie, la Turquie*. Ein derart eingeschränktes Weltbild möchten Sie Ihren französischen Nachbarn doch gewiß nicht zumuten.

Bewußt ist hingegen den meisten Deutschen, die Französisch sprechen, daß sie für Ländernamen drei Präpositionen für die Übersetzung von «in» zur Verfügung haben, weniger bewußt ist ihnen jedoch wieder, welche Präposition in welchem Fall angewendet wird. Deshalb hier noch einmal die Regel, ausnahmsweise eine ohne Ausnahme: Ist das Land weiblich, heißt «in» *en*, ist es männlich und fängt es mit einem Vokal an, genauso. Ist es männlich und fängt es mit einem Konsonanten an, heißt «in» *au*. Ist es in der Mehrzahl *aux*, egal ob weiblich oder männlich.
En Allemagne (w.), et *en Uruguay* (m.) ils n'ont pas ce problème.
Au Portugal et *au Danemark*, ils n'ont pas ce problème.
Aux États-unis, aux Pays-bas et *aux Caraïbes*, ils n'ont pas ce problème non plus.

Erscheint Ihnen das französische System hier umständlich, kann ich Sie daran erinnern, daß es bei einer anderen Frage geradezu erschütternd einfach vorgeht, denn ob «in» oder «nach», die französische Präposition bleibt immer gleich: il n'y a pas à dire, c'est vraiment pratique!

Und jetzt zurück zu der ursprünglichen Frage: Woran erkennen Sie, ob ein Land weiblich oder männlich ist? Das Vitamin-*e* der Weiblichkeit wirkt hier in 99 Prozent der Fälle Wunder! Wo ist also das Problem?

Was für Länder so toll klappt, funktioniert bei Personen nicht so einfach. Dies zeigt uns ein kleiner Exkurs ins Land der Paare... die keine sind.

Von Paaren, die keine sind

Solche gibt es nicht nur im wirklichen Leben, nein, auch in unserem Sprachgebrauch. Deshalb wäre es leichtsinnig zu glauben, daß zu einer männlichen Form die entsprechende Form auf *-e*, obwohl weiblich, immer paßt.

Wir befinden uns bekanntlich au *Pays de l'Amour*. Da können sie durchaus, der *chevalier servant* einer selbstverständlich hübschen Dame sein: Sie ist allerdings dadurch keinesfalls Ihre *chevalière*. Denn, obgleich ein chevalier ein Ritter ist, ist heutzutage eine *chevalière* weder die weibliche Form davon, noch die Frau vom *chevalier*, sondern ein Ring mit Initialen, eine Art Siegelring.

«J'ai cherché *ma chevalière* dans le sable, mais je ne l'ai pas trouvée», hat deshalb nicht den kleinsten Hauch von einer Romanze am Strand.

Desweiteren ist das männliche Pendant von *maîtresse*, Liebhaberin, nie und nimmer *maître*, sondern *amant*.

Abgesehen davon sind *le maître* et *la maîtresse* die Hauptfiguren der Grundschule. Denn die französischen Grundschullehrer, *l'instituteur et l'institutrice*, werden gerne von den Kindern und von den Eltern *maître* und *maîtresse* genannt:
Que t'a dit le maître?
Maîtresse, Paul m'a tiré les cheveux!

Damit hat aber das Wort *maître* seine Karriere noch nicht beendet. Rechtsanwälte, *les avocats et les avocates*, werden damit angesprochen, ob männlich oder weiblich, wohl gemerkt!
Excusez-moi *Maître*, pourriez-vous m'indiquer où est jugée l'affaire X?

Wenn sie übrigens den schriftlichen Umgang miteinander pflegen, nennen sie sich *Cher Confrère*:
«*Cher Confrère*,
Dans l'affaire XY, pourriez-vous me faire parvenir votre dossier le plus rapidement possible...»

Von *confrère*, Kollege oder Amtsbruder, existiert die weibliche Form *consoeur*, die zum Beispiel von männlichen Journalisten für ihre Kolleginnen mißbraucht wird. Ein sprachlicher Faux-pas, Sprachspezialisten zufolge. Ihrer Meinung nach sollte dieses Wort ausschließlich für Frauen bei kirchlichen Gemeinschaften benutzt werden. Ob Journalistinnen kirchlich engagierter sind, als ihre *confrères*? Ich glaube es jedenfalls nicht. Tatsache ist, daß *consoeur* nicht immer das weibliche Pendant von *confrère* ist. Erscheint Ihnen dies unlogisch? Dann fragen Sie sich doch mal, ob Sie es für logischer halten, daß deutsche Krankenschwestern, keine Krankenbrüder, sondern Krankenpfleger als Kollegen haben.

Jetzt aber vom beruflichen Parkett zurück aufs alltägliche Glatteis. Ein paar Beispiele aus der «Beziehungskiste», wo Geschlecht und Aussprache gemeinsam für lustige oder tragische Mißverständnisse sorgen.

Sie gehören sicherlich zu den Französisch-Sprechenden, die zwischen *le cours* – der Unterricht, *la course* – das Rennen und *les courses* – die Einkäufe unterscheiden. Aber Sie können sich gar nicht vorstellen, wieviele Leute lieber einen Einkaufsbummel statt einen Kurs machen.

Immer wieder kommt es vor, daß *le vent* statt *la vente* für nichtig erklärt wird und *le bal* statt *la balle* einen Tod verursacht, was grundsätzlich nicht unmöglich ist, denn, daß ein Ball mit einer tödlichen Kugel, *une balle mortelle*, dramatisch endet, ist leider schon passiert: *À la fin du bal, il a reçu une balle mortelle*. Nicht unerwähnt bleiben soll noch der Überfall unbekannter Gauner auf zwei alte Leute, die wundersamerweise auf einem Kreditinstitut statt auf einer Bank saßen: ils ont attaqué des personnes âgées assises sur *une banque*! Das müssen aber sehr sportliche alte Leute gewesen sein, die sich da aufs Gebäude setzten, nicht wahr? Unsere älteren Herrschaften setzen sich normalerweise *sur un banc*! (Sprechen Sie bitte das c nicht aus.)

Im Geschlecht steckt der kleine Unterschied. In der Bedeutung aber der große! Und dabei spielt das weibliche *-e* die entscheidende Rolle.

La morale de cette histoire? Faites particulièrement attention aux formes féminines! Passen Sie auf weibliche Formen besonders auf! Aber nicht nur auf sie... Auch das verkehrte Geschlecht ist heimtückisch!

Vom verkehrten Geschlecht

Ich unterhielt mich einst mit Herrn Wöhler, einem Frankreich-Fan, der gerade aus Paris zurückkam. Er erklärte mir sehr enttäuscht: «Je suis allé à Paris avec mon cousin pour visiter le tour Eiffel: ce jour-là le personnel était en grève. Je suis donc allé voir la Tour de France. Mais ce jour-là les cyclistes étaient aussi en grève.»

Ich war sehr überrascht zu erfahren, daß es eine Eiffel-Tour in Paris gab: peut-être autour de *la* tour Eiffel? Außerdem wußte ich nichts von einem *Frankreich-Turm* mit streikenden Radfahrern.

Par contre, j'avais bel et bien entendu parler des problèmes de dopage et de boycott pendant *le* Tour de France 1998.

Männlich in Deutsch, weiblich in Französisch oder andersrum, wie oft haben Sie schon darüber gestöhnt? Und wie können Sie sich in diesem Labyrinth zurechtfinden? Vielleicht hilft es ja, das traditionelle Bild «männlich-stark/weiblich-weich» zu Rate zu ziehen.

Aber wie will man mit dieser These erklären, daß der Lump la canaille heißt? Sind französische canailles harmloser, vielleicht sogar schmusiger als deutsche oder ist es in Frankreich nicht so schlimm ein Lump zu sein als offensichtlich in Deutschland? Komischerweise existieren «eine Lumpin» oder «un canaille» gar nicht. Wie verhält es sich bei dem Opfer la victime ou la dupe der/die Betrogene? Sind es nur Frauen, die als Opfer herhalten müssen? Sind Männer so stark, so überlegen, daß sie nie in eine schwierige Lage geraten, oder geben sie nur nicht gerne zu, daß ihnen etwas mißlingt? Zählt ihr Wort mehr als das ihrer Frauen, daß der Zeuge le témoin in Französisch kein weibliches Pendant duldet? Oder welche Erklärung fällt Ihnen für das Fehlen des männlichen Gegenstücks zu la vedette, der Star (von Film und Bühne, nicht der Vogel), ein? Wie wir sehen, ist es unterhaltsam, aber letztlich wenig hilfreich, diese These zu Hilfe zu holen.

Manche Grammatikbücher lösen das Problem mit Hilfe von Listen. Sie legen typische Endungen vor, die auf das Geschlecht der Begriffe hinweisen. Diese Methode erweist sich oft als sehr mühsam. Ich habe beschlossen, mich an der Praxis zu orientieren und jene Begriffe herauszupicken, die von unseren germanischen Nachbarn besonders oft malträtiert werden.

Mir ist aufgefallen, daß manche Deutsche bestimmte Wörter im Französischen ohne ersichtlichen Grund für weiblich halten. Das wird in der traurigen Geschichte von Frédéric deutlich, der aus seiner Partei ausgeschlossen wurde und verzweifelt in den Bars rumhängt:

La direction de *son parti* politique ne lui a pas laissé *le choix*: il a été exclu. Depuis, il passe *son temps* dans *les bars*, à lire *le journal* et à boire *du chocolat*. Il vit dans *le passé*, n'a plus d'*avenir* et oublie *le présent*.

Le parti, le choix, le temps, le bar, le journal, le chocolat, le passé, l'avenir et le présent wollen trotz weiblicher deutscher Form ihre französische Männlichkeit nicht aufgeben.

Ich bin auch mit dem Gegenteil konfrontiert worden: mit weiblichen, französischen Wörtern auf *-e*, die als männlich betrachtet werden, weil sie im Deutschen sächlich oder männlich sind.

On lui a fait *une offre* intéressante pour *sa voiture*. Ils ont fixé *la date* du rendez-vous. Il y est allé, mais le jour de *la vente*, il n'a pas pu se séparer de *sa belle Peugeot*. Et il l'a gardée.

Aber *l'offre, la voiture, la date, la vente, la Peugeot* müssen ihre Weiblichkeit ständig gegen deutsche Zungen behaupten.

Das Auto ist übrigens ein beliebtes und ausführliches Thema, das sich kaum umgehen läßt. Da *voiture* weiblich ist, spreche ich von *ma* Peugeot, *ma* Renault et *ma* Citroën, wenn Sie mit *Ihrem* Porsche, Mercedes oder BMW (BMdoubleV ausgesprochen) prahlen. Wenn wir schon bei dem Thema Auto sind, entschlüssele ich Ihnen jetzt noch eine französische Autonummer. Une plaque minéralogique se compose, comme vous le savez, de *chiffres* et de *lettres*:

Le premier *groupe* de *chiffres* n'est pas important, et les *lettres* suivantes non plus. Elles ne veulent rien dire. Par contre, les deux derniers *chiffres* sont pour nous intéressants. Ils correspondent *au numéro* du département, et aussi *aux deux premiers chiffres* du code postal. Si j'ai *le numéro* 845 KS 64, seul le 64 me donne un véritable renseignement: la provenance de la voiture. Cette voiture vient du Sud-Ouest, à savoir du département des Pyrénées atlantiques. Pour ceux que ça intéresse: il n'est pas difficile de reconnaître un Parisien en province. D'abord il a *le numéro* 75 pour la ville elle-même et 77, 78 ou entre 91 à 95 pour la région parisienne. Et puis, il conduit comme un pied... selon certains clichés.

Le groupe, le chiffre, le numéro, in Deutsch weiblichen, in Französisch männlichen Geschlechts, sind Ihnen für eine richtige Anwendung dankbar.

Zum Schluß verlassen wir die trockene Welt der Zahlen, um den alten lebensfrohen Griechen einen Besuch abzustatten. Sie verfügten über ein Wortbildungs-System, in dem die Endung *-ma* auf sächliche Hauptwörter hinwies. Die deutsche Sprache übernahm das System ohne größere Veränderung, presque tel quel: *das* Dra*ma*, Dilem*ma*, Charis*ma*, The*ma*. Im Französischen wurde aus sächlich männlich und aus *-ma -me*: *le drame, le dilemme, le charisme, le thème, le problème, le système*. Lauter Begriffe auf *-me*, die von Deutschen solange als weiblich angesehen werden, bis sie – Zeus sei dank – ihren griechischen Ursprung erkennen.

Damit sind wir am Ende unserer kleinen Studie angelangt. Ich hatte nicht vor, alle Schattenseiten der Mann-Frau-Beziehung mit oder ohne *-e* zu erläutern: cela aurait été un travail de Titan! Sollten Sie aber noch ab und zu die Geduld verlieren, ist es Ihnen vielleicht ein Trost, daß wir armen Franzosen im Deutschen nicht nur mit *der, die* sondern auch noch mit *das* zu kämpfen haben.

En outre: celui qui est face *au dilemme* du *le* ou *la* peut, pour résoudre sans *drame son problème*, profiter de *notre système*. Et passer *au prochain thème*!

Anhang zum Haupttext

aux Caraïbes: steht in Französisch für «auf den karibischen Inseln». Und ist wegen *îles* (Inseln) weiblich.

il n'y a pas à dire: man kann nichts sagen

le chevalier servant: ironisch: der ständige Begleiter; historisch: der auserwählte Ritter einer Dame

juger une affaire: ein Urteil sprechen

une affaire: hier, Fall

le confrère: hat mit con, «blöd», nichts zu tun, sondern mit dem lateinischen «cum», das «mit» heißt und auch in *com-pagnon* zu finden ist. Das Wort *confrère* wird gerne in freien Berufen, z.B. unter Ärzten, Architekten, Rechtsanwälten und in wissenschaftlichen Gesellschaften für *collègue* benützt. Cela fait peut-être plus chic, qui sait? *La confrérie*: Bruderschaft oder Zunft.

faire parvenir: zukommen lassen

Krankenschwester: *infirmière*. Weibliche Form von *infirmier*

être en grève: streiken

avoir entendu parler de: von etwas gehört haben. Es wird öfters mit *avoir entendu dire que* verwechselt: gehört haben, daß... Französisch begnügt sich mit dem bloßen *entendre* nicht und verlangt immer als Ergänzung *parler* oder *dire*.

bel et bien: hier, wohl

conduire comme un pied: avez-vous déjà vu un pied conduire? Moi non plus! Mais apparemment, il conduit très mal!

à savoir: nämlich

en outre: außerdem

Lektüre I

Préjugés

Katja m'a posé pendant un cours la devinette suivante:

«Savez-vous quelle est la différence entre *la France* et *l'Allemagne*?»

Je lui ai dit que je donnais ma langue au chat, et elle m'a répondu:

«Il n'y en a aucune. Toutes les deux sont de grandes nations. *L'Allemagne* est la grande nation de l'ordre et *la France* est la grande nation du désordre!»

Ah, Ah, Ah!!!!

Lektüre II

Les petits problèmes de Jochen

Un jour, Jochen est venu me voir en me disant:

— Khaty, j'ai de *gros problèmes* avec le mot *problème*.

— Quel est donc exactement *ton problème*? lui ai-je demandé.

— Féminin ou masculin, avec ce mot, c'est toujours *un dilemme*.

— C'est vraiment le seul mot qui te pose *problème*, ou as-tu aussi des *problèmes* avec le mot *système*?

— Avec le mot *système*, non je n'ai pas de *problème*. Mon seul *problème* est que je ne connais aucun *système* me permettant de résoudre *mon problème*.

Je lui ai alors parlé *du système* grec en *-ma*. Il est reparti tout content d'avoir enfin trouvé *un système* pour résoudre *son problème*.

Lektüre III

Premières vacances en Allemagne ou rendez-vous au Nymphen-Burg!

L'Allemagne est un beau pays, mais il est vrai que *le nombre* de Français qui le choisissent pour y passer leurs vacances est très limité. Lorsqu'ils en ont *le choix*, ils préfèrent aller vers le sud, vers *le soleil*.

En 1997, mes parents et mes frères et soeurs ont décidé de quitter leur *chère France*, de renoncer à un séjour à Paris pour venir me voir à Stuttgart! Non seulement ils ne se sont pas laissé impressionner par *le nombre* de kilomètres, plus de deux mille, mais en plus ils ont surmonté *un grand problème*: celui de la langue! Parce que mes parents et l'allemand, et bien ça fait deux. Voilà donc toute la smala assise dans *sa Renault*, en route vers l'inconnu. C'est en tout cas ce qu'ils croyaient! Mais *l'avenir* leur réservait une belle surprise.

Comme je n'avais pas de *tour Eiffel* à leur proposer, je les ai amenés à *la tour de la Télévision* et en guise de château de Versailles le château de Ludwigsburg a fait l'affaire. Et puis, avec *un petit tour* en Bavière, ils n'ont pas eu *le temps* de s'ennuyer. Un bon repas par ici, une bonne bière par là, une soirée à *l'opéra*, et pour finir Munich. *Le dilemme* entre la visite guidée du stade olympique ou du château des Nymphes n'a pas duré très longtemps: *le choix* s'est rapidement porté sur la visite du château. Et là, coup de théâtre! Imaginez-vous que dans *notre groupe*, mon père est tombé sur *un confrère* bordelais en compagnie, non pas de sa femme, mon père l'aurait reconnue, mais de... *sa maîtresse*! Les deux *amants* attendaient dans *un coin*, assis sur *un banc* que la visite commence. Pour eux, cette rencontre aurait pu tourner *au drame*. Mais mon père étant la discrétion même, ils n'avaient rien à craindre...

Cette rencontre inopinée au château des Nymphes devait par la suite bien souvent nous rappeler combien *le monde* est petit!

Anhang zur Lektüre III

toute la smala: von den Arabern haben wir *la smala* ausgeliehen. Heute ist es ein lustiges Wort, um toute *la famille* zu übersetzen. Entspricht etwa *der ganzen Sippe*. *Avec toute la smala*: *mit der ganzen Blase* – als leicht negative Form.

tomber sur un confrère: natürlich ist mein Vater nicht auf einen Kollegen gefallen, sondern zufällig auf ihn gestoßen

Formulierungsübungen

I Geographische Kenntnisse

Wie heißen denn die Nachbarländer Frankreichs?
Quels sont les pays limitrophes de la France?

____

II Übersetzen Sie das Potpourri

1. Wir sind oft in Portugal.

____

2. Seine Geliebte ist die Grundschullehrerin meiner Tochter.

____

3. Ich sitze gern auf der Bank vor meiner Bank.

____

4. Wir wissen, daß die Zeugin das Opfer kennt.

____

5. Nach dem Französisch-Kurs gehe ich einkaufen.

____

6. Kannst du mir deine Telefonnummer geben?

____

7. Die Tour de France endet nicht am Eiffel-Turm, sondern am Triumphbogen.

____

____

8. Hast du dein neues Auto, den kleinen Peugeot?

____

III Die kleine Bar an der Ecke – Le petit bar du coin

Setzen Sie die fehlenden Begriffe ein.

avenir — journal — groupes — bar(s) — passé — chiffres — coin-non fumeurs — choix — parti — chocola t — coin-fumeurs — monde

Qui ne sait pas ce que c'est qu'un _______ français? Le petit _______ du coin? C'est une vraie institution avec ces divers _______ de clients: ouvriers, employés de bureau, lycéens, joueurs de boules, étudiants, chefs d'entreprise... Ils boivent plutôt un pastis, ou une bière, ou même un café qu' un _______. Ils confondent volontiers le _______ avec le _______, ils lisent le_______ local, et discutent de tout et de rien. Les résultats du dernier match de foot, le mark et l'Euro, ou bien le dernier scandale autour d'un _______ politique connu: un sujet de premier _______! Malheureusement, il semble que ce petit coin de paradis où on refait le _______ se trouve en danger de mort. Selon les _______ de mars 1998, environ 1500 _______ doivent fermer chaque année. Espérons que les petits _______ du coin n'ont pas seulement un _______ glorieux, mais aussi un bel _______!

IV Übersetzen Sie die Lektüre III

Vorschläge zu den Formulierungsübungen

I Geographische Kenntnisse

Les pays limitrophes de la France sont au sud l'Espagne et l'Italie; à l'est, la Suisse et la RFA – République fédérale allemande –, et au nord deux pays du Bénélux: la Belgique et le Luxembourg.

Haben Sie Andorra erwähnt? Das ist eine sehr gute Idee. Mais il y a un mais! Es gibt aber einen Haken! Appelée officiellement «Les vallées d'Andorre», l'Andorre n'est pas un pays au sens habituel du terme et se dit en espagnol «Principado d' Andorra», ce qui correspond à «Fürstentum von Andorra». Ce qui rend cette «principauté» particulièrement intéressante, c'est son statut: Elle se trouve sous double tutelle – Oberhoheit: celle du Président de la République française et celle de l'évêque – Bischof – espagnol de Seo de Urgel. Les établissements scolaires – Schulen – sont cofinancées par la France et l'Espagne. Et bien que la population parle le français et l'espagnol, la langue nationale est un dialecte catalan! Klein aber fein!

II Übersetzen Sie das Potpourri

1. Nous sommes souvent au Portugal.
2. Sa maîtresse est la maîtresse de ma fille.
3. J'aime bien m'asseoir sur le banc devant ma banque.
4. Nous savons que le témoin connaît la victime.
5. Après le cours de français, je vais faire les courses.
6. Peux-tu me donner ton numéro de téléphone?
7. L'arrivée du Tour de France n'est pas à la tour Eiffel, mais à l'Arc de triomphe.
8. Tu as ta nouvelle voiture, la petite Peugeot?

III Die kleine Bar an der Ecke – Le petit bar du coin

Die Reihenfolge lautet:
bar — bar — groupes — chocolat — coin-fumeurs — coin-non fumeurs — journal — parti — choix — monde — chiffres — bars 1 bars — passé — avenir

Für Besserwisser lege ich eine deutsche Übersetzung dieses Textes bei. Wenn Sie Lust haben, können Sie den Text zurückübersetzen. Kursive Begriffe deuten auf männliche französische Wörter, die im Deutschen weiblich sind:

Wer kennt sie nicht, die typisch französische *Kneipe? Le petit bar du coin, die kleine Bar* an der *Ecke*? Sie ist eine richtige Institution mit ihren unterschiedlichen *Gruppen* von Gästen: den Arbeitern, den Büroangestellten, den Schülern, den Boulespielern, den Studenten, den Unternehmern... Sie trinken lieber einen Pastis, ein Bier oder sogar einen Kaffee als eine heiße *Schokolade*. Sie verwechseln gerne die Raucher- mit der Nichtraucher-*Ecke*. Sie lesen die lokale *Zeitung* und unterhalten sich über Gott und *die Welt*. Die Ergebnisse des letzten Fußballspiels, *die Mark* und der Euro oder der letzte Skandal um eine berühmte politische *Partei*: ein Thema erster *Wahl*! Leider scheint diese kleine himmlische *Ecke*, wo *die Welt* neu gestaltet wird, sich in Lebens*gefahr* zu befinden. Laut den letzten *Zahlen* vom März 1998 müssen jährlich circa 1500 *Kneipen* schließen. Hoffentlich haben *die kleinen Bars* an der Ecke nicht nur eine schöne *Vergangenheit* hinter sich, sondern auch eine schöne *Zukunft* vor sich!!

IV Übersetzung der Lektüre III

Die ersten Deutschland-Ferien meines Vaters oder das Treffen bei Schloß Nymphenburg

Deutschland ist ein schönes Land, aber tatsächlich ist die Anzahl der Franzosen, die sich für Deutschland als Urlaubsland entscheiden, sehr gering. Wenn sie die Wahl haben, ziehen sie es vor, gen Süden in Richtung Sonne zu fahren. 1997 haben meine Eltern und Geschwister beschlossen, ihr geliebtes Frankreich zu verlassen, auf einen Aufenthalt in Paris zu verzichten, um mich in Stuttgart zu besuchen!

Sie blieben nicht nur von der Entfernung von über mehr als 2000 Kilometern unbeeindruckt, sondern sie überwanden auch noch ein großes Problem: die Sprache! Denn meine Familie und die deutsche Sprache, das sind zwei Paar Stiefel. Da saß nun die ganze Sippe in ihrem Renault, auf einer Fahrt ins Ungewisse. So glaubten sie jedenfalls. Aber die Zukunft hatte für eine schöne Überraschung gesorgt.

Da ich ihnen keinen Eiffelturm zu bieten hatte, habe ich sie zum Fernsehturm geführt, und anstelle des Schlosses von Versailles bot ich ihnen das Ludwigsburger Schloß an. Anschließend noch eine kleine Tour durch Bayern, da hatten sie keine Zeit, sich zu langweilen. Ein gutes Essen hier, ein gutes Bier dort, ein Opernabend und zum Schluß München. Das Dilemma, ob eine Führung durch das Olympiastadion oder durch das Nymphenburger Schloss zu bevorzugen sei, war im Nu beseitigt: Die Wahl war schnell zugunsten des Schlosses ausgefallen. Und dann platzte die Bombe! Stellen Sie sich vor, in unserer Gruppe ist mein Vater zufällig auf einen Berufskollegen aus Bordeaux gestoßen, nicht etwa in Begleitung seiner Frau, mein Vater hätte sie erkannt, sondern... seiner Geliebten! Die beiden Liebenden saßen auf einer Bank an einer Ecke und warteten dort auf den Beginn der Führung. Für sie hätte diese Begegnung zum Drama werden können. Aber da mein Vater die Diskretion in Person ist, hatten sie gar nichts zu befürchten...

Dieses unerwartete Zusammentreffen am Nymphenburger Schloß ließ uns auch später noch häufig daran denken, wie klein doch die Welt sein kann.

VII Kapitel

Die Fallen des Bittens, Dankens und Entschuldigens

Sich in der eigenen Sprache zu bedanken oder zu entschuldigen ist grundsätzlich kein Hexenwerk. Le faire dans une culture et une langue étrangères, c'est une autre paire de manches! Surtout en France où les conventions jouent encore un rôle très important. Et souvent un sourire gêné accompagne le français incertain ou le comportement inapproprié d'un étranger inexpérimenté.

Kommt Ihnen dieses verlegene Lächeln bekannt vor? Wollen Sie auf jede Situation adequat reagicren, sich differenzierter ausdrücken als andere, mit Wortschatz und Grammatik jonglieren, sind Sie hier an der richtigen Adresse. Ihr diplomatisches und sprachliches Geschick können Sie jetzt durch die Fallen des Bittens auf die Probe stellen.

Die Fallen des Bittens

Das deutsche Wort *bitte* ist ehrlich: knapp, unveränderlich, genügsam. Ob Sie etwas von Herrn Dr. Schmidt oder Ihrer lieben Cousine Bertha wollen, es bleibt bei *bitte*. Völlig anders als die französischen Sitten, die doch so penibel zwischen *Sie* und *du* unterscheiden und keine Verwechslung dulden: Il ne faut pas mélanger les torchons et les serviettes!

Monsieur Schmidt, *s'il vous plaît*, pouvez-*vous* me dire, si...

Bertha, *s'il te plaît*, peux-*tu* me dire, si...

Wenn Sie mir jetzt sagen, Ihnen wären schon gemischte Strukturen zu Ohren gekommen, werde ich Ihnen nicht widersprechen, aber das sind die berühmten Ausnahmen, die die Regel bestätigen. Zum Beispiel:

Monsieur Schmidt, peux-tu me dire *s'il te plaît*, si...

Was allerdings einen etwas ironischen Beiklang hat. Oder:

Cousine Bertha, pouvez-vous me dire *s'il vous plaît*, si...

Was typisch ist für uns Gallier, da wir gern Vornamen mit dem *vous* der Höflichkeits-Form verkuppeln. Dies ist sogar im Geschäftsleben keine Seltenheit und kann als freundliche Annäherung unter Bewahrung einer respektvollen Distanz empfunden werden. Auch ist das «Per-Sie-sein» innerhalb einer Familie keine Rarität. Ma mère dit *vous* à sa belle-mère, mon père *vouvoie* sa belle-soeur, ma grand-mère son beau-fils et nous *vouvoyons* par respect notre vieille cousine Berthe...

Mais revenons à nos moutons! *S'il te plaît* und *s'il vous plaît*, das letztere als *s.v.p.* abgekürzt, haben die eleganteren Geschwister *je te prie* und *je vous prie*, die sich allerdings, eitel wie sie nunmal sind, jede Abkürzung verbitten.

Das Bitten nimmt nicht nur *du* oder *Sie* in Kauf. Es spielt auch gerne mit Vokabeln, Zeiten und Verbformen. Sitzen Sie ewig lang beim Geburtstagsessen und werden es langsam satt, zwischen *s'il vous plaît* und *je vous prie* zu pendeln, probieren Sie es doch mit den bekömmlichen:

Est-ce que vous pouvez me passer le gigot?
Est-ce que vous voulez bien me passer le gigot?

Oder mit dem höflichen Konditional:
Pourriez-vous me passer le plat de gigot?
Pourrais-je avoir le plat de gigot?

Wollen Sie am Tisch einmal richtig glänzen, dann entscheiden Sie sich für:
Puis-je avoir une tranche de gigot?

Und Sie hätten die stil- und klangvolle Version des verpönten *Peux-je* gewählt. Sie sollten jedoch dafür sorgen, daß Sie auch danach ein perfektes Französisch sprechen. Sonst ist Ihr Image im Eimer! Sogar Franzosen gehen behutsam mit *Puis-je* um!

Hören Sie von Ihrem Tischnachbarn:
Pourriez-vous avoir l'amabilité de me passer le plat de gigot?
Pourriez-vous avoir la gentillesse de bien vouloir me passer le plat de gigot?
Puis-je me permettre de vous demander de bien vouloir me passer le plat de gigot?

Dann bleiben Sie doch ganz ruhig. Der etwa umständliche Herr ist nur besonders höflich und will nichts weiter als die Lammkeule. Répondez-lui donc: *Mais bien sûr, Monsieur*, passez-lui le plat et il sera aux anges! So schnell kann man im Siebten Himmel schweben!

Genauer betrachtet verwendet dieser Tischnachbar eine Formulierung, die der Schriftsprache sehr nahe kommt. Für das deutsche Ohr geschwollen, für den deutschen Verstand völlig anachronistisch und lächerlich, sind unsere schriftlichen *salamalecs* doch eine Hochburg des taktvollen Handelns und des französischen Selbstverständnisses. Bei einer Bitte befinden wir uns vor einem Feuerwerk von Verbzeiten: Hier wechseln sich Präsens, Zukunft, Konditional und Befehlsform ständig ab. Werden Sie schriftlich um ihre neue Telefonnummer und Adresse gebeten, erschrecken Sie nicht, wenn der Brief so lautet:
Nous vous prions de bien vouloir nous communiquer vos nouvelles coordonnées.
Nous vous saurions gré de bien vouloir nous communiquer vos nouvelles coordonnées.
Pourriez-vous avoir l'obligeance de (bien vouloir) nous communiquer vos nouvelles coordonnées.
Veuillez avoir l'obligeance de (bien vouloir) nous communiquer vos nouvelles coordonnées.

Nous vous saurions gré und *Pourriez-vous avoir l'obligeance de* sind dabei nicht so unpersönlich und schneidend wie *Nous vous prions de* und *Veuillez*.

Die französische Korrespondenz ist nun einmal von sehr konventionellen Regeln geprägt. Und sogar die gängigste Abschlußformel ist für ungeübte Franzosen, die z.B. einer Behörde schreiben, keine Selbstverständlichkeit. Deshalb liefere ich Ihnen einfache Musterbeispiele, die schon manchen «deutschen Aussiedler» in Frankreich aus der Bredouille geholfen haben:
*Je vous prie d'*agréer mes salutations distinguées.
Veuillez agréer, Madame, l'expression de mes sentiments distingués.
Veuillez agréer, Madame, l'expression de mes sentiments respectueux.
Je vous prie de croire à (l'expression de) mes sentiments les meilleurs.

Ehrlich gesagt, sind die Deutschen um die Schlichtheit ihres *Mit freundlichen Grüßen* richtig zu beneiden.

Savez-vous quel est le comble de toutes ces expressions françaises? Diese Formulierungen des Schriftverkehrs werden von

Franzosen kurz wahrgenommen, jedoch in ihrer grammatikalischen Komplexität kein bißchen gewürdigt. Wie frustrierend! Fehlen sie aber, so ist der Empfänger gleich in zweifacher Hinsicht verärgert: Zum einen durch den Formfehler des Briefes und zum anderen durch den Mangel an Höflichkeit ihm gegenüber.

Allerdings, im Zeitalter des Faxes, der e-Mails und des Schnell-Kommunizierens ist zu erwarten, daß solche Extravaganzen des Schriftverkehrs langsam, aber sicher den geordneten Rückzug antreten. *Veuillez* tritt schon häufiger als würdiges Pendant der in ihrer Knappheit und Direktheit so typischen deutschen Bitte auf besonders in Fax und e-Mails. Und die Grußformeln schrumpfen immer mehr zu *Cordialement, Avec nos cordiales salutations, Sincères salutations* oder sogar *Sincèrement vôtre*! Es lebe die Vereinfachung!

Kehren wir nun in die Welt der gesprochenen Kommunikation zurück. Denn ich möchte Sie noch auf zwei letzte Eigenarten des Wortes *bitte* aufmerksam machen. Veuillez donc porter toute votre attention sur ce qui suit:

1. Si quelqu'un frappe à votre porte, veuillez traduire Ja, bitte par Ouuuiiii?? Entrez!
2. Si vous offrez quelque chose à quelqu'un, veuillez éviter de dire s'il vous plaît. Dites plutôt: Vous en voulez? / Voilà! ou Servez-vous! Sagen Sie nie bitte in Französisch, wenn Sie etwas anbieten... Es sei denn Sie befinden sich in Belgien oder in Nordfrankreich...

Comme de *s'il vous plaît* à *merci* il n'y a qu'un pas, notre prochaine étape n'est autre que «Les pièges de merci»: Von *bitte* zu *danke* ist es nur ein Katzensprung, den wir jetzt wagen.

Die Fallen des Dankens

Ich kam auf die Schwierigkeiten des Dankens bei einem Gespräch mit Karin. Ihr Französisch-Kurs war zu Ende, sie stand nun in meiner Küche und wollte sich bedanken: «Khaty, je voudrais me remercier de votre cours. C'était vraiment très bien.»

So sehr ich mich über ihre Begeisterung freute, konnte ich es aber nicht so im Raum stehen lassen. Denn auch wenn Deutsche gerne *sich selbst* bedanken, verlangen die französischen Sitten und

die Logik, es bei den *anderen* zu machen: Nous remercions les autres, et pas nous-mêmes. Deshalb empfahl ich Karin:
Je vous remercie de/pour votre cours
Je vous remercie de m'avoir aidée
zu bevorzugen. Im ersten Fall konnte sie sogar sowohl *remercier de* als auch *remercier pour* sagen; im zweiten jedoch war die Präposition *pour* wegen des Infinitivs nicht mehr einsetzbar. Reichte ihr das nicht, spräche nichts dagegen, *beaucoup* oder *vraiment* hinzuzufügen. *Vivement* bewahren wir uns fürs Schriftliche auf:
Je vous remercie beaucoup de/pour votre cours
Je vous remercie vraiment de/pour votre cours
Und das war es!

«Übrigens, Karin: Je voudrais vous remercier» sollten Sie besser vermeiden. Nicht, daß es grammatikalisch falsch wäre! Doch mit je voudrais geben Sie mir deutlich zu verstehen, daß es eine Absicht ist, die Sie konkretisieren wollen, vielleicht mit der Übergabe eines kleinen Geschenks. Ich stehe dann erwartungsvoll vor Ihnen. Und es kommt nix, kommt nix... Deshalb mein Vorschlag: Möchten Sie sich bedanken, reden Sie nicht lange davon, sondern tun Sie es mit: Je vous remercie! Sonst könnten Sie für die Frau mit leeren Versprechungen gehalten werden.

Damals war Karin sehr erleichtert, daß ihr so ein Mißgeschick bei mir und nicht in Frankreich passiert war, und sie erkundigte sich gleich:

— Et qu'est-ce que je réponds à quelqu'un qui me remercie?

— Que dites-vous en allemand, quand on vous dit *danke*?

— Le plus souvent *bitte*.

— En français, ça ne marche pas. Si vous dites s'*il vous plaît*, c'est que vous désirez quelque chose.

— Et qu'est-ce que je dis alors?

— *De rien*! Nichts zu danken!

Und natürlich gibt es eine ganze Schattierung von Möglichkeiten:
Il n'y a pas de quoi!
Je vous en prie!
C'est moi!

Il n'y a pas de quoi ist die ausführlichere Form vom schnellen und umgangsprachlichen *Y a pas d' quoi* oder *Pas de quoi. C'est moi* ist die Kurzform von *C'est moi qui vous/te remercie. Je vous en prie* ist die elegante Form von *De rien*. Im beruflichen Umfeld finden Sie weiterhin:

À votre service, besonders im Dienstleistungsgewerbe. C'est ce que vous répondra le pompiste à la station-service, l'artisan avec lequel vous fixez un rendez-vous pour une réparation, l'agent de police qui vous renseigne. *À votre disposition* drückt ähnliches aus und erinnert mich stark an das übliche «Nous restons à votre disposition pour tout renseignement complémentaire», das einen Brief vor der Grußfloskel oft beendet.

Meine Lieblingsformulierung, das Bonbon, habe ich für Sie als Nachtisch aufgehoben. Hinter *Avec plaisir!* kann sich eine leichte Zuneigung, fast ein Flirt verbergen. Und es ist eine offene Tür zur zusätzlichen Antwort: *Tout le plaisir est pour moi!* Mit diesem Hauch von Ironie oder Kompliment können Sie sich richtig geschmeichelt fühlen. Klar, wenn das Vergnügen ganz auf meiner Seite ist! Eine Liebeserklärung ist es jedoch noch lange nicht.

— Bon, en tous les cas, *merci beaucoup*!

— Mais *avec grand plaisir*, Karin.

Kurz danach zog Karin nach Paris. Zwei Monate später bekam ich ihren ersten Brief auf Französisch. Elle voulait à tout prix me remercier une nouvelle fois et s'excusait de ne pas m'avoir écrit plus tôt.

Die Fallen des Entschuldigens

«*Pardon que* je ne vous ai pas écrit plus tôt, mais je n'avais pas le temps.»

Entschuldigen Sie, liebe Karin, aber... *Pardon que* kann ich so nicht akzeptieren. So leicht ist es bei uns Franzosen mit den Entschuldigungen nun auch nicht. Aber fangen wir von vorne an:

Stoßen Sie auf dem Bürgersteig mit einem Fußgänger zusammen und entschuldigen Sie sich mit *Excuse-moi, Monsieur* oder *Excusez, Madame*, so ist Ihre Absicht lobenswert, aber der Ausdruck verräterisch. Denn einen Unbekannten würde ich als Französin zuerst einmal nicht duzen, das würden Sie als Deutsche ja wohl auch nicht machen. Also fällt *Excuse-moi* aus. Ich würde den Fremden mit dem vollständigen *Excusez-moi* würdigen. Somit fällt *Excusez* auch aus. Trauern Sie, liebe Karin, der Einfachheit des deutschen *Entschuldigung* nach, sagen Sie doch Pardon. Et l'affaire est réglée! Das elegante *Veuillez m'excuser* oder das reuevolle *Pardonnez-moi* behalten Sie sich für schlimmere Vergehen vor.

Neigen Sie zu *Je m'excuse*, sind Sie wie alle Deutschen konsequent und genügsam zugleich: Genauso wie Sie sich selbst bedanken, entschuldigen Sie sich auch selbst. Diesmal ist es halb so schlimm, da Franzosen auch *Je m'excuse* sagen, und dabei meist ignorieren, daß der Ausdruck zwar geduldet wird, aber fehlerhaft ist. Que Dieu leur pardonne!

Je m'excuse ist sowieso ein Gedicht für sich. Es ist u.a. die perfekte Einführung einer Widerrede, mit einem leicht irritierten Unterton.
Je m'excuse, mais je ne suis pas du tout d'accord.
Je m'excuse, mais il faudra trouver une autre solution.

Der Redner hat in der Tat nicht die geringste Absicht, sich zu entschuldigen. Das kennen Sie, liebe Karin, ja selbst von *entschuldigen Sie mal* oder *es tut mir leid, aber...*

Dieses *es tut mir leid* war für mich übrigens ganz schlimm, als ich Deutsch lernte. Ich sah die Leute unter den schrecklichsten Schmerzen leiden. Es tat ihnen ja alles furchtbar leid! *Je suis désolé(e)* schien mir dagegen viel erträglicher zu sein, nicht so qualvoll, obwohl es ein ehrliches Bedauern oder eine gefühlvolle Anteilnahme vermittelt:
*Je suis désolée d'*être en retard.
Je suis désolée que vous ayez dû attendre si longtemps.
Nous sommes désolés, mais nous avons vraiment tout essayé.

Für mich klang dagegen *ich bedauere* genauso harmlos wie *je regrette*. Beide hatten manchmal den Beigeschmack einer höflichen, standardisierten, gefühllosen Absage. So wie man es bei einer schriftlichen Absage von einer Behörde gewöhnt ist:
Nous regrettons de ne pas pouvoir satisfaire à votre requête.
Nous regrettons de ne pas pouvoir accéder à votre demande.

Als ich dann in Deutschland anfing, Französisch zu unterrichten, entdeckte ich mit großer Überraschung, daß es vielen Studenten andersrum ging. Sie haßten *être désolé* und *regretter*. Ich fragte sie, warum. «À cause du subjonctif qu'il faut utiliser après ces deux verbes» antworteten sie. Ich fragte weiter und stellte fest, daß sie unter einem inflationären Verbrauch von Subjonctif litten, so z.B. «Je regrette que je sois», eine grammatische Unmöglichkeit, denn sobald das Subjekt von *regretter* oder *être désolé* das gleiche ist wie das vom nächsten Verb, muß *que* durch *de* mit Infinitiv ersetzt werden:
Je suis désolé *qu'il* n'ait pas pu venir.
Je suis désolé *de* ne pas avoir pu venir.

Der kleine Unterschied liegt nicht nur in der Grammatik, sondern auch in der Bedeutung: Im ersten Beispiel sind zwei Personen im Spiel, im zweiten nur eine, die selbst nicht kommen kann.

Ich betonte, daß auch Formulierungen wie:
Je suis désolé, mais je ne *pourrai* pas venir,
Je suis désolé, mais il ne *pourra* pas venir,
vollkommen in Ordnung seien – ohne daß der Subjonctif von Nöten wäre.

Die Furcht meiner Studenten vor *regretter* und *être désolé* schien sehr tief zu sitzen. Denn sie baten mich um Alternativen. Ich griff auf *veuillez* und *prier* zurück, die kein *que* und folglich kein Subjonctif dulden. Einige Beispiele aus dem Schriftverkehr sollten sie aufklären:
Veuillez nous excuser de ne pas pouvoir vous faire parvenir les documents souhaités.
Nous vous prions de bien vouloir nous excuser de ne pas pouvoir...

Ich ersparte ihnen jedoch umständlichere Formulierungen, wie:
Nous sommes au regret de devoir vous annoncer que nous ne pouvons pas vous faire parvenir...

Diese gebrauchen auch kein Subjonctif, versetzen aber oft die Deutschen in Staunen.

Meine Studenten waren sehr zufrieden. Richtig glücklich machte sie aber eine dritte Alternative mit *malheureusement*:
Nous ne pouvons *malheureusement* pas vous faire parvenir les documents souhaités.

Nous ne sommes *malheureusement* pas en mesure de vous faire parvenir les documents demandés.

Sie erkannten gleich, daß sie wieder bei ihrem vertrauten *leider* angelangt waren und daß sie obendrein kein Subjonctif brauchten. So griffen sie diese Formulierung in den nächsten Stunden immer wieder begierig auf.

Also, liebe Karin, wenn Sie sich schon bei mir entschuldigen wollen, ce qui en soi n'est vraiment pas nécessaire, dann schreiben Sie doch:
Je m'excuse de ne pas vous avoir écrit plus tôt.
Je suis désolée de ne pas vous avoir écrit plus tôt.
Je regrette de ne pas avoir pu vous écrire plus tôt.

Oder, wie meine Studenten sagen würden:
Je n'ai *malheureusement* pas eu le temps de vous écrire plus tôt.

Und Ihr Gewissen ist rein. Tja, liebe Karin, *bitten, sich bedanken, sich entschuldigen*, unser halbes gesellschaftliches Leben besteht daraus. Wollen Sie jetzt üben? Alors, il ne me reste plus qu'à *vous remercier de* votre aimable attention et à *vous prier de* bien vouloir passer à la partie «Formulierungsübungen».

Anhang zum Haupttext

c'est une autre paire de manches: das ist eine ganz andere Geschichte

inapproprié: unpassend, inadequat

inexpérimenté: unerfahren

il ne faut pas mélanger les torchons et les serviettes: man darf nicht alles in einen Topf werfen

gang und gäbe sein: *être monnaie courante*

sa belle-mère: seine Schwiegermutter. Wie auch immer ist die ganze Familie des Ehepartners für Franzosen *schön*: partout on ne parle que de *beau*-père, *beau*-fils, *belle*-fille, *belle*-soeur ou *beau*-frère.

avoir l'obligeance de: die Freundlichkeit/Güte haben, etwas zu tun

l'affaire est réglée: die Sache ist erledigt

que Dieu leur pardonne! Möge Gott ihnen vergeben!

les salamalecs: übertriebene, pompöse Höflichkeit vor allem bei einer Begrüßung. Vient, d'après le Petit Robert, de l'arabe *Salâm alaïk* une forme de salutation qui signifie *Paix sur toi.* Faire de grands *salamalecs*: viel Trara, Bohei machen

c'est le comble: meistens durch «das ist doch der Gipfel» übersetzt

le pompiste à la station-service: der Tankwart an der Tankstelle

l'artisan: der Handwerker und nicht der Künstler

renseigner: informieren

satisfaire à une requête: einem Gesuch stattgeben

être en mesure de: in der Lage sein, etwas zu tun

Lektüre I

Heute muß der Französisch-Kurs leider ausfallen!

«Heute muß der Französisch-Kurs leider ausfallen!»

Voilà le mot affiché un matin à la porte de notre salle de cours de l'université de Stuttgart. Très étonnée de cette formulation, jai alors voulu le traduire en français: «Le cours de français d'aujourd'hui doit *malheureusement* être annulé»? Non, pour une administration, *malheureusement* ne convenait pas du tout.

«Nous *regrettons de* vous annoncer que le cours de français d'aujourd'hui est annulé»? Non, c'était bancal, il manquait un «devoir» quelque part.

«Nous *regrettons de devoir* vous annoncer que le cours de français n'aura pas lieu aujourd'hui»?

«*Veuillez nous excuser de ne pas pouvoir* assurer le cours de français aujourd'hui»?

Non, vraiment aucune de ces solutions ne me convenait.

Le cours de Monsieur/Madame Duchnoque est reporté

Le cours de Monsieur/Madame Duchnoque est annulé

Voilà quelle était la formulation la plus réaliste. On ajouterait le cas échéant «pour cause de maladie». Mais *on ne s'excuserait pas*. Car il faut être honnête: le cours ne peut pas avoir lieu, les étudiants sont très contents et le secrétariat en général indifférent! Alors, pourquoi s'excuser?

Anhang zur Lektüre I

le mot: hier: Mitteilung. Nous aimons bien utiliser le mot *mot* à la place de *quelques mots* ou *quelques lignes*.

affiché: an der Tür angebracht, am «schwarzen Brett»

l'administration: die Behörde, die Verwaltung

être bancal: hinken

reporter un cours: einen Kurs verlegen

assurer le cours: den Unterricht durchführen, stattfinden lassen

le cas échéant: gegebenenfalls

être honnête: ehrlich sein

Lektüre II

Mon cousin Mohamed

Mon cousin Mohamed, il est superpoli. Quand il vient nous voir en France, il nous fait tous rigoler: il fait comme s'il était en Algérie et il tutoie tout le monde. Même quand il parle à un flic, il lui dit: «Eh, monsieur l'agent, s'il te plaît, est-ce que tu peux me dire où est la gare?»

Il sait très bien qu'en France, en général, on vouvoie les gens qu'on ne connait pas. Dans ma boîte, par exemple, je tutoie mes potes et les collègues qui ont le même âge ou le même degré de qualification que moi. Aux autres, je leur dis *vous*. Il paraît qu'il y a des sociétés françaises où tout le monde se dit *tu*, même quand on se rencontre pour la première fois. Chez nous, c'est pas possible: un chef, c'est un chef, et pas question de le tutoyer, même si lui nous tutoie parce qu'il nous a à la bonne.

Et pour en revenir aux flics, il n'a pas tout à fait tort Mohamed! Avec eux, le plus souvent, on se tutoie. Mais pas vraiment parce qu'on se trouve sympa!

Anhang zur Lektüre II

rigoler: rire (Umgangssprache)

tutoyer: dire tu à quelqu'un

le flic: le policier, le gendarme, Bulle

vouvoyer: parler à quelqu'un en lui disant vous

une boîte: une société, une entreprise, Geschäft. *Une boîte de nuit* est une discothèque.

le pote: le copain, Kumpel

il n'est pas question de: es kommt gar nicht in Frage

même si: auch wenn

avoir quelqu'un à la bonne: aimer bien quelqu'un, einen Stein im Brett haben

avoir tort: unrecht haben, sich irren

Formulierungsübungen

I Schriftliche «Salamalecs» um des Vergnügens willen zum übersetzen

1. Nous vous prions de bien vouloir respecter notre style.

___

2. Nous vous saurions gré de bien vouloir respecter notre style.

___

3. Pourriez-vous avoir l'obligeance de respecter notre style?

___

4. Veuillez respecter notre style.

___

II Was antworten Sie auf «Merci»?

1. ___

2. ___

3. ___

4. ___

5. ___

6. ___

7. ___

III Buntes Allerlei zum Übersetzen

1. Wir müssen leider den Termin absagen (drei Möglichkeiten).

____

____

2. Wir bedauern sehr, den Termin absagen zu müssen.

____

3. Es tut uns sehr leid, daß er heute nicht kommen kann.

____

4. Ich bedauere sehr, daß ich morgen wegfahren muß.

____

5. Vielen Dank für Ihre Unterstützung.

____

6. Ich bedanke mich sehr für Ihr schönes Geschenk.

____

7. Entschuldigung! Ich habe Sie nicht gesehen.

____

8. Können Sie bitte morgen kommen?

____

IV Was würden Sie auf «Pardon» antworten?

1. Il n'y a pas de mal.
2. Ce n'est pas grave.
3. Il n'y a pas de quoi.
4. S'il vous plaît.
5. À votre santé!
6. Je suis désolé (e).
7. Tout le plaisir est pour moi!
8. Ce n'est rien de grave.
9. Il ne s'est rien passé.
10. À vos souhaits!
11. Je vous en prie.
12. N'en parlons plus!

V Übersetzung der Lektüre I

Vorschläge zu den Formulierungsübungen

I Schriftliche «Salamalecs» um des Vergnügens willen zum Übersetzen

1. Wir möchten Sie bitten, unseren Stil zu respektieren.
2. Wir wären Ihnen dankbar, wenn Sie unseren Stil respektieren würden.
3. Würden Sie bitte die Freundlichkeit haben, unseren Stil zu respektieren?
4. Bitte respektieren Sie unseren Stil!

II Was antworten Sie auf «Merci»?

1. De rien: nichts zu danken
2. Il n'y a pas de quoi: keine Ursache
3. Je vous en prie: gerne geschehen
4. C'est moi: ich bedanke mich
5. À votre service: [wörtlich] zu Ihren Diensten
6. À votre disposition: zu Ihrer Verfügung
7. Avec plaisir: mit Vergnügen

Das bei manchen Deutschen beliebte *Ce n'est rien* (Es ist nichts) paßt hier leider nicht!

III Buntes Allerlei zum Übersetzen

1. Malheureusement, nous devons annuler le rendez-vous.
   Nous regrettons de devoir annuler le rendez-vous.
   Nous sommes désolés de devoir annuler le rendez-vous.
2. Nous regrettons beaucoup de ne pas pouvoir venir.
3. Nous sommes vraiment désolés qu'il ne puisse pas venir aujourd'hui.
4. Je suis désolé(e) de devoir partir demain.
5. Merci beaucoup de/pour votre aide.
6. Je vous remercie beaucoup de/pour votre beau cadeau.
7. Excusez-moi!/Pardon/Je m'excuse/ Je ne vous ai pas vu(e/s/es).
8. Est-ce que vous pouvez venir demain?/Pourriez-vous venir demain?

IV Was würden Sie auf «Pardon» antworten? Vier Möglichkeiten.

1. Il n'y a pas de mal.
2. Ce n'est rien.
3. Je vous en prie.
4. N'en parlons plus!

Anmerkung:
À votre santé! (s. 5.) wird beim Anstoßen verwendet und nicht beim Niesen, wie viele glauben! Für *Gesundheit!* benützen wir *À vos souhaits!* (s. 10.).

Il ne s'est rien passé (s. 9.) heißt soviel wie: nichts ist geschehen, und gilt nicht als Antwort für *Pardon.*

N'en parlons plus (s. 12.) ist für die schlimmsten Fälle wie einen Vertrauensbruch oder eine Kränkung reserviert.

VIII. Kapitel

Die Tücken und Lücken des Wollens

Vouloir, c'est pouvoir!

Wer will, der kann! Das dachte ich jedenfalls solange, bis ich merkte, daß viele Deutsche wollten... und nicht konnten! Deshalb beschloß ich, ihnen das Können zu erleichtern, damit das Wollen endlich seine Befriedigung fände! Dafür war es notwendig, herauszufinden, welcher Stein im Schuh drückte. Doch siehe da: Ich entdeckte viele kleine Kiesel und entschloß mich, das französische *Vouloir* und das deutsche *Wollen* unter die Lupe zu nehmen. Die Ergebnisse meiner Nachforschungen sollen Ihnen nun das Ziel des perfekten Französisch näherbringen. Der Weg dahin beginnt...

Im Reich des Wunsches und der Absicht

Hier kam ich anfangs mit *vouloir, désirer, avoir l'intention de, penser ou compter faire quelque chose* gut und ohne Hindernisse voran.

Ich will morgen gehen kann man je nach Intention des Sprechers – ob er etwas will, vorhat oder beabsichtigt – wiedergeben mit:

Je *veux* partir demain.

J'ai l'intention de partir demain.

Je compte partir demain.

Doch später drohte ich über zwei Hindernisse zu stolpern, wovon das erste Ihnen schon bekannt sein müßte. Denn Karin hat es uns ja schon im letzten Kapitel mit ihrem *je voudrais vous remercier* vor die Füße geworfen. Unsere Lösung lautete damals: Möchtest du etwas tun, sprich nicht lange davon, tue es!

Das zweite Hindernis, das ich auf dem Weg des Wollens überwinden mußte, tauchte per Post in einem Brief meines deutschen Orthopäden auf:

«Sie wollten uns Ihre Krankenkassenbescheinigung faxen. Leider haben wir diese noch nicht erhalten. Bitte faxen Sie uns Ihre Bescheinigung baldmöglichst, damit wir Ihnen Ihre Einlagen per Post senden können.»

Der Absender hatte ja recht: Ich hatte etwas angekündigt, und es war noch nicht geschehen. Seine Ausdrucksweise aber war, wie in Deutschland üblich, sehr direkt, zu direkt für mein französisches Empfinden. Dieses *Wollen*, das nicht verwirklicht wurde, empfand ich als Vorwurf. Ein französischer Orthopäde hätte das bestimmt anders formuliert. Etwa so:
«Nous n'avons toujours pas reçu l'attestation de votre caisse-maladie. Pourriez-vous nous la faire parvenir le plus rapidement possible?»

Oder vielleicht so:
«Votre attestation de caisse-maladie ne nous étant toujours pas parvenue, nous vous prions de bien vouloir nous l'envoyer dans les plus brefs délais.»

Wir legen sehr viel Wert auf Verpackung, während Deutsche sich eher mit dem Funktionalen befassen. Dieser grundsätzliche Unterschied zwischen unseren beiden Kulturen, kommt besonders zum Tragen...

Im Reich der Höflichkeit, des Bittens, Aufforderns und Befehlens

«Si tu veux obtenir quelque chose de quelqu'un, ne dis jamais *je veux*, mais *je voudrais*, car il n'y a que le roi qui dit je veux», sagte mir meine liebe Mutter, als ich klein war...

Und so fing mein Leben mit *je voudrais* an, wenn ich etwas gerne wollte. In der Rolle der Anbietenden jedoch fragte ich selbstverständlich weiterhin *Est-ce que vous voulez du gâteau* und nicht *Est-ce que vous voudriez du gâteau*, das in deutschen Landen gerne für *möchten Sie ein Stück Kuchen* gehalten wird und in Französisch seltsam klingt, denn es bedeutet: Würden Sie ein Stück Kuchen wollen?

Später lernte ich die Vorteile des *je voulais vous demander* kennen.

Je voulais vous demander, si... est une entrée en matière parfaite pour obtenir une réponse ou quelque chose en utilisant la manière douce. Dank des *imparfait* kann ich meine Frage oder Bitte höflich mildern:
Je voulais vous demander ceci ou cela.
Je voulais vous demander de faire quelque chose pour moi.
Je voulais vous demander, si vous pouviez faire quelque chose pour moi.

Will ich meine Absicht, meine Bitte und vielleicht die Notwendigkeit ihrer Verwirklichung unterstreichen, greife ich auf *je voudrais* zurück:
Je voudrais vous demander quelque chose.
Je voudrais vous demander un petit service.
Dieses nimmt in dringenden und schwierigen Fällen unerwartete Maße an und tendiert manchmal ohne Scheu vor Redundanzen zum barocken Stil:
Je voudrais vous demander de bien vouloir faire quelque chose pour moi.

In diesen Feinheiten liegt nicht nur grammatikalisches Können, sondern auch die ganze Kunst des Verhandelns bis an die Grenzen des Manipulierens!

An dieser Stelle sollten wir uns etwas Zeit lassen, um zwei einfache Ausdrücke gegenüberzustellen: *Ich habe eine Bitte* und *ich habe eine Frage.* Wie würden Sie sie ins Französische übersetzen?

Denken Sie im ersten Fall an *j'ai une prière*? Nein, damit kann ich leider nicht viel anfangen. Denken Sie an die Formulierungen des vorherigen Abschnitts, haben Sie einen Volltreffer gelandet: Mit *je voudrais vous demander* als Grundstruktur sind Sie immer auf dem richtigen Weg.

Schlagen Sie für *ich habe eine Frage j'ai une question* vor, verstehe ich wenigstens auf Anhieb, was sie wollen. So wie es mir mit meinen Kursteilnehmern geht. Sobald sie erwartungsvoll den Finger strecken, denke ich belustigt: «Ja ich weiß, Sie haben sicherlich... *une question*, und eine Frage mit den in Frankreich so gängigen Formulierungen:
Je voudrais vous demander, si...
Je voudrais savoir pourquoi...
oder
Est-ce que vous pouvez me dire ce que...
Est-ce que vous pouvez me dire ce qui...
einzuleiten, gehört scheinbar noch nicht so ganz zu ihrem Repertoire.»

Nebenbei gesagt ist *ce que / ce qui* als Übersetzung für *was* nicht zu unterschätzen. Sie können sich nicht vorstellen, wie oft Ihre Mitbürger, schon über *was* gestolpert sind. Auch wenn folgender Tip nicht alle Einsatzmöglichkeiten von ce *que / ce qui* abdeckt, führt er mit ziemlicher Sicherheit zu einem befriedigenden Ergebnis: Ist *was* in einem Satz eingebettet, heißt es nicht mehr *que* oder *qui*, sondern *ce que* oder *ce qui.*
Que veux-tu?
Dis-moi *ce que* tu veux!
Est-ce que tu peux me dire *ce que* tu veux?

Wie können Sie *ce que* von *ce qui* unterscheiden? Denken Sie an die Funktion des Wortes im Satz: *ce que* ist Objekt (wen oder was?), *ce qui* ist Subjekt (wer oder was?) und kann vor *je, tu...* nicht stehen.

Dis-moi *ce que* tu veux!
Dis-moi *ce qui* se passe!

Damit möchte ich mich von *ce que / ce qui* verabschieden und auf unsere ursprüngliche Frage zurückkommen. Ich möchte nicht den Eindruck erwecken, daß wir Franzosen keine *Fragen haben.* Selbstverständlich haben wir welche, die wir allerdings bewußt stellen. Fragt bei einem Vortrag der Redner: *Avez-vous d'autres questions?* melden sich die Zuhörer lieber mit einer vollständigeren Formulierung:
J'ai *une question à vous poser.*
Je voudrais vous *poser une question.*
Est-ce que je peux me permettre de vous *poser une question*?

Als es dann in meinem Leben darum ging, von Institutionen oder Ämtern etwas anzufordern, entdeckte ich die wunderbare, fast grenzenlose Welt des Schriftverkehrs, die Sie im vorherigen Kapitel sicherlich mit viel Freude kennengelernt haben! Erinnern Sie sich noch?
Nous vous prions de bien vouloir nous communiquer vos nouvelles coordonnées.

Ist Ihnen aufgefallen, daß wir diese *salamalecs* ohne *wollen* im Deutschen übersetzt haben.

Aber auch wenn Sie *wollen* im Deutschen nicht brauchen, denken Sie daran, daß *vouloir* im Französischen auf dem Vormarsch ist. Sollten Sie es vergessen haben, dann gehen Sie bitte wie bei so manchen Brettspielen einige Felder zurück zum vorherigen Kapitel...! Comme au jeu de l'oie, reculez de plusieurs cases, retournez au chapitre précédent!

Nicht nur die Welt der Bitte läßt sich gut mit dem pflegeleichten *veuillez* bereisen. Auch im Reich der Aufforderung und des Befehls kann es von Nutzen sein. Pour commencer, *veuillez* respecter toutes nos directives:
Veuillez vous asseoir et vous abstenir de fumer.
Ensuite *veuillez avoir l'obligeance de bien vouloir* remplir le formulaire qui vous sera distribué.
Si vous avez des questions, *veuillez* vous manifester immédiatement.
Une fois que vous aurez terminé, *veuillez* nous suivre.

Auch andere Wege können beschritten werden, die nuancierter und sanfter den Befehl wiedergeben:
Nous vous prions de bien vouloir vous abstenir de fumer.
Nous vous demandons de bien vouloir vous manifester si vous avez des questions.
Voulez-vous avoir l'obligeance de remplir ce formulaire?

Nicht so hart wie das unpersönliche und bürokratische *prière de* hört sich *nous vous prions de* an. Es fehlt ihm aber die Geschmeidigkeit und Eleganz von *demander de bien vouloir* und *vouloir avoir l'obligeance de.*

Sind Sie mit Ihrer Situation nicht zufrieden, sagen Sie doch einfach, was Sie wollen! Entlassen Sie *je voudrais* zugunsten des königlichen *je veux.* Und da wir gerne einen Dritten für unser Unglück verantwortlich machen, stellen Sie ihn doch zur Rede:
Allez le chercher, *je veux qu'il vienne* s'expliquer!

Wollen Sie, daß so ein Befehl seine volle Wirkung entfaltet, setzen Sie nach *je veux* unbedingt ein Subjonctif ein! Möchten Sie den Subjonctif meiden, sind Ihnen *demander* oder *exiger* keine große Hilfe. Auch diese Wege verlangen den Subjonctif:
Je demande *(à ce) qu'il vienne*!
J'exige *qu'il vienne*!

Sollten Sie *exiger* einsetzen, stehen Sie vielleicht schon mit rotem Kopf und Wut im Bauch da, eine eindeutige Steigerung Ihres Wollens, die harte Zeiten für den Widerstrebenden ankündigt. In diesem Fall ist es vielleicht ratsam, sich auf Französisch zu verabschieden in...

Das Reich der Zukunft

Hier tritt das deutsche *wollen* in seiner ganzen Uneigennützigkeit zu Tage.

Es will nicht selbst in die Zukunft gesetzt werden, sondern sich als Modalverb für die Zukunft einsetzen: Während *wir werden wollen* zu den Exoten gehört, kann *wir wollen gehen* manchmal den Ausdruck *wir werden gehen* ersetzen. Eine Konstruktion, die zwar im Französischen bekannt ist, aber veraltet wirkt: On dirait *qu'il veut pleuvoir* statt ... *qu'il va pleuvoir* kommt der Technogeneration gewiß spanisch vor.

Daß Deutsche manchmal *wollen* für die Zukunft verwenden, ist ihre Sache. Daß sie jedoch gerne auf *vouloir* für die Zukunftsbildung zurückgreifen, macht manchen Franzosen arge Sorgen. Denn zwischen «Ce soir *je veux* prendre le train» und «Ce soir *je vais* prendre le train» ist der Unterschied scheinbar nicht besonders groß, aber letztlich doch entscheidend. Möglicherweise ist ja die phonetische Ähnlichkeit zwischen *je veux* und *je vais* für die Verwechslung verantwortlich?

Wer will es meinem alten Freund Jörg verübeln, daß er bei einem Vortrag vor seinen französischen Mitarbeitern über diese Schwierigkeit stolperte und seine Rede wie folgt anfing:
Je veux vous présenter les activités prévues pour juillet.

Jörg, que vous le vouliez ou non, vous n'avez pas le choix, vous devez le faire. Also Jörg, wenn du es schon willst, warum tust du es denn nicht gleich? Hier haben Sie im Grunde genommen nur die Wahl zwischen:
Je vais vous présenter les activités prévues pour juillet.
Je voudrais vous présenter les activités prévues pour juillet.
J'aimerais vous présenter les activités prévues pour juillet.
Und damit drei Versionen für die deutsche «*Wollen*-Zukunft».

Doch damit war Jörgs Leiden noch nicht zu Ende. Im Laufe des Vortrags meldete sich ein Mitarbeiter mit einer Frage. Und Jörg kündigte an:
Je veux répondre à votre question statt *Je vais répondre à votre question.*

Wir mögen als Gallier manchmal inkonsequent sein, aber eins gilt bei uns immer: Was selbstverständlich ist, wird nicht erwähnt. Also Jörg, warum sollten Sie die Frage nicht beantworten wollen? Letztendlich ist es Ihre Aufgabe, Informationen zu geben. Es sei denn, Sie haben einen ganz persönlichen triftigen Grund Ihren Willen zu unterstreichen, oder Sie legen viel Wert darauf, zu erklären, worum es geht:
Je veux vous expliquer de quoi il s'agit.
Je tiens à vous expliquer de quoi il s'agit.

Sollten Sie die Frage nicht sofort beantworten wollen oder können, haben Sie das bescheidene Je vais répondre à votre

question un peu plus tard zur Verfügung. Besserwisser greifen auch zurück auf:
J'aimerais répondre tout de suite à votre question, mais...
Si vous le voulez bien, je garde votre question pour plus tard.
Si vous le permettez, je reviendrai plus tard sur votre question.

Fazit: Wer sich vom Reich der Zukunft ins Reich des Wollens verirrt, dem wird es nicht besser gehen als dem unseligen Jörg, der sich aber hoffentlich besser zurecht findet...

Im Reich des Verschwindens und Wiederauftauchens

Das Reich des Verschwindens und des Wiederauftauchens ist das Reich der Lücken, wo die eine Sprache will, während die andere es nicht braucht! Es ist das Reich der Vermutungen, in dem derjenige, der krank sein *will*,
prétend avoir été malade,
und sich dazu lieber gar nicht äußern *will*,
et préfère ne pas en parler.

Wollen und *vouloir* gehen wieder nicht Hand in Hand, so daß die Übersetzung gut überlegt sein *will*,
cette traduction demande réflexion.

Von diesen kleinen Unterschieden sollten Sie sich aber bitte nicht entmutigen lassen, denn
dieses Buch *will* ja Ihren Spaß an der französischen Sprache fördern,
le but de ce livre *est* d'intensifier le plaisir que vous procure le français.

Versetzt der Wille im Deutschen manchmal Berge, reicht er teilweise im Französischen nicht für die einfachsten Dinge aus, jedenfalls wenn es um Bewegungen geht:
Seine Beine *wollen* nicht mehr,
ses jambes ne *veulent* plus le porter.
Er *will* nicht mehr ins Gebirge, er *will* ans Meer,
il ne *veut* plus *aller* à la montagne, il *veut aller* à la mer.

Zur Ehrenrettung des französischen Wollens sei hier jedoch gesagt, daß vouloir in vielen anderen Fällen ein zuverlässiger

Partner ist, der sogar häufig da einspringt, wo das deutsche wollen streikt.

«*Ich hätte gerne gewußt*, was mit dem Wollen passiert ist. Ich *möchte wissen*, was es gemacht hat. Wie *soll* ich es aber erfahren? Es ist verschwunden, was *bedeutet*, daß es nicht mehr unter uns bleiben *mochte*. Was *kann* ich denn dagegen tun?»

Damit wir deswegen nicht aus der Fassung geraten, folgt die französische Fassung hier:
J'aurais bien voulu savoir ce qui est arrivé à *wollen.*
Je voudrais savoir ce qu'il a fait.
Mais comment *voulez-vous* que je le sache?
Il a disparu, ce qui *veut dire* qu'il ne voulait plus rester parmi nous.
Que *voulez-vous* que j'y fasse?

Hatten Sie an dieser Reise ins Reich des Verschwindens und Wiederauftauchens Spaß, wollen Sie sich bitte in die Rubrik Formulierungsübungen weiterbewegen. Doch zuvor bietet sich noch ein kurzer Abstecher an...

In das Reich der Blumen

Denn wie können wir unsere Erkundungsreise ohne die duftige Note seltener «Vouloir-Gattungen» beenden? Die erste Blume, die uns auf dem Weg begegnet, heißt *vouloir bien*, duftet nach Erlaubnis oder Einverständnis, nach *permettre* oder *être d'accord*:
Je *veux bien que* tu sortes ce soir.

In die Nase steigt uns jetzt der bittere Duft des *en vouloir à quelqu'un*, der Blume der Bitterkeit, des Übels und der Bosheit. Sie kann vielseitig gebunden werden:
Je lui en *veux d'*avoir fait cela.
Je lui en *veux pour ce qu'il* a fait.

Trotz großer Ähnlichkeit wollen Sie sie bitte nicht mit *s'en vouloir* verwechseln, denn Sie würden *sich Vorwürfe machen* oder es *bereuen*:
Vous *regretteriez de* vous être trompé/e.
Vous *vous feriez des reproches de* vous être trompé/e.

Bref:
Vous *vous en voudriez de* vous être trompé/e.

Nicht zu übersehen ist letztlich *se vouloir*, die Blume des «Sein-Wollens», des «Wirken-Wollens»:
Il *se veut* responsable.
Il *se veut* rassurant.

Sie ist aber auch die Blume des Angebers, deren Kraft in dem Schein, in dem *sich geben* liegt:
Il *se veut* amusant...

Jetzt schweben wir alle über dem Gipfel des *Wollens*. Damit die Rückkehr nicht zum schmerzhaften Absturz wird, empfiehlt es sich, einige Kurzregeln in konzentrierter Form sozusagen als Vitamintabletten zu uns zu nehmen:

Regel I: Bedanken Sie sich ohne große Reden zu halten und verzichten Sie gegebenenfalls auf je voudrais / je veux.
Regel II: Bei einer Bitte ersetzen Sie je veux durch je voudrais.
Regel III: Bei einem Befehl oder einer Aufforderung veuillez einsetzen.
Regel IV: Ein Befehl mit je veux que wirkt nur mit Subjonctif.
Regel V: Die französische Zukunft liebt kein vouloir, sondern aller.
Regel VI: Wollen ist nicht nur vouloir, sondern auch prétendre, demander, avoir pour but, préférer
Regel VII: Von vouloir zu unterscheiden sind auch vouloir bien, en vouloir à quelqu'un, s'en vouloir und se vouloir.

À cette étape de notre périple, je vous abandonne et vous laisse poursuivre votre chemin tout seul, selon votre bon vouloir, dans le jardin des exercices. Jetzt dürfen Sie durch unseren Übungsgarten flanieren... wie immer Sie wollen.

Anhang zum Haupttext

wer will, der kann: *vouloir, c'est pouvoir*

wo der Schuh drückt: *où le bât blesse, où sont le points sensibles,* le bât étant le dispositif placé sur le dos d'un animal pour porter une charge

avoir l'intention de: vorhaben, die Absicht haben

über ein Hindernis stolpern: *buter sur un obstacle*

demander (un) service à quelqu'un: jdn um eine Gefälligkeit bitten

directive: Richtlinien, (An)weisungen. Respecter des directives: Anweisungen beachten

s'abstenir: sich einer Sache enthalten. S'abstenir de fumer: das Rauchen unterlassen

se manifester: sich melden

sich auf Französisch verabschieden [ohne Abschied verschwinden]: *filer à l'anglaise* (sich Englisch verabschieden)

prévu: vorgesehen, geplant

viel Wert auf etwas legen: *accorder beaucoup d'importance à qc*

revenir sur une question: eine Frage wieder/nochmal aufgreifen

bref: kurz gesagt

ce périple: ce grand voyage

Lektüre I

Il n'y a que le roi qui dit «je veux»

Te souviens-tu Théo de ton premier fax en français? Tu l'avais rédigé de la façon suivante:

Monsieur,
Je veux commander trois pièces détachées numéro 18097 C. Voulez-vous me les envoyer vite!

Et te souviens-tu aussi de la discussion que nous avons eue?

— Théo, je suis désolée, je ne voudrais pas te décevoir, mais il n'est absolument pas possible de dire *je veux*, tu devrais au moins dire *je voudrais*!

— Mais je ne veux pas dire *je voudrais*: Je veux bel et bien dire *je veux*!

— Je te comprends tout à fait, mais que veux-tu que j'y fasse? En France, depuis notre plus jeune âge, on nous répète «ya que le roi qui dit *je veux*». Et sais-tu ce qui est arrivé au dernier roi de France? ... On l'a guillotiné! Si tu tiens à garder ce style, alors que tu es dans la position du demandeur, ou dans ce cas du donneur d'ordre, dans le vrai sens du mot, tu risques de faire mauvaise impression. On risque de t'en vouloir, et la tentation est grande de se sentir vexé. Et quand on est vexé, on devient méchant. Et quand on est méchant, on ne se domine pas toujours... Alors, à bon entendeur, salut! Allez, Théo, que tu le veuilles ou non, même si tu préfères utiliser *je veux*, tu seras bien obligé d'y renoncer! Écris plutôt:

Monsieur,

- Veuillez me faire parvenir dans les plus brefs délais trois pièces de rechange no. 18097C.
- Pourriez-vous m'expédier le plus vite possible trois pièces de rechange no. 18096C.

Sincères salutations!
Théo X

Et tu auras sauvé ta tête!

Formulierungsübungen

I Ausdrücke Französisch-Deutsch

1. Comme vous voudrez:________________________

2. Si bon vous semble:________________________

3. Je ne veux pas en entendre parler:________________

4. Il n'en fait qu'à sa tête:______________________

5. Cela ne veut rien dire:________________________

II Übersetzen Sie!

Ein Gespräch im Treppenhaus zwischen Henriette, der Hausmeisterin eines Hochhauses, und Nathalie:

1. Henriette, warte mal, ich will dich was fragen.

   ____

2. Ja? Solange du mich nicht um etwas bitten willst...

   ____

3. Kennst du den jungen Ausländer, der seit Oktober hier wohnt?

   ____

4. Ja. Aber ich will dir eins sagen: über die Bewohner des Hauses darf und will ich keine Information geben!

   ____

   ____

5. Ja ich weiß. Aber findest du ihn nicht komisch?

   ____

6. Er sagt immer «ich will» statt «ich möchte», wenn er mich um etwas bittet, aber sonst ist er sehr höflich.

7. Ja. Du hast recht. Heute hat er mir die Tür aufgehalten, ich habe mich bedankt, und weißt du, was er mir geantwortet hat? Bitte, bitte.

8. Vielleicht weiß er nicht, daß man «Nichts zu danken» oder «Es war mir ein Vergnügen» sagt.

9. Weißt du, ob er lange hier bleiben will?

10. Du Nathalie, ich würde gerne deine Frage beantworten, aber es tut mir leid, ich weiß es nicht.

11. Frage mal Herrn Müller, den Bäcker, ob er bereit ist, dir zu helfen.

12. Aber sag mal, was soll das Ganze denn heißen?

III Ausdrücke Deutsch-Französisch

1. Ich habe eine Bitte:____________________________________

2. Wir wollen sehen:____________________________________

3. Er will fort:______________________________________

4. Zu wem wollen Sie?__________________________________

5. Hier ist nichts mehr zu wollen:_________________________

6. Wir haben eine Frage:_________________________________

7. Sagen Sie uns, was Sie wollen:__________________________

8. Willst Du uns nicht sagen, was los ist?____________________

IV Übersetzung der Lektüre I

Vorschläge zu den Formulierungsübungen

I Ausdrücke Französisch-Deutsch

1. Comme vous voudrez: wie Sie wollen
2. Si bon vous semble: wenn Sie gerne wollen
3. Je ne veux pas en entendre parler: ich will nichts davon wissen
4. Il n'en fait qu'à sa tête: er macht nur, was er will
5. Cela ne veut rien dire: das will nichts heißen

II Übersetzen Sie!

Conversation dans la cage d'escalier entre Henriette, la concierge d'un immeuble et Nathalie

1. Henriette, attends, je voudrais te demander quelque chose!
2. Ah oui? Tant que tu ne veux pas me demander de faire quelque chose pour toi...
3. Tu connais le jeune étranger qui habite ici depuis octobre?
4. Oui. Mais je vais te dire une chose: je ne peux et ne veux pas donner d'informations sur les gens de l'immeuble!
5. Oui, je sais, mais tu ne trouves pas qu'il est bizarre?
6. Il dit toujours «Je veux» au lieu de «Je voudrais» quand il me demande quelque chose, mais sinon il est très poli.
7. Oui. Tu as raison. Aujourd'hui il m'a tenu la porte, je l'ai remercié et tu sais ce qu'il m'a répondu? «S'il vous plaît, s'il vous plaît».
8. Peut-être qu'il ne sait pas qu'on dit «Il n'y a pas de quoi» ou «Avec plaisir».
9. Tu sais, s'il va rester ici longtemps?
10. Nathalie, je voudrais bien répondre à ta question, mais je suis désolée, je n'en sais rien.
11. Demande au boulanger, monsieur Müller, s'il veut bien t'aider.
12. Mais dis-moi, qu'est-ce que ça veut dire tout ça?

III Ausdrücke Deutsch-Französisch

1. Ich habe eine Bitte: Je voudrais vous demander qc/un service.
2. Wir wollen sehen: On verra / on va voir / nous allons bien voir.
3. Er will fort: Il veut partir, il veut s'en aller.
4. Zu wem wollen Sie? Qui demandez-vous? Chez qui voulez-vous aller?
5. Hier ist nichts mehr zu wollen: Il n'y a plus rien à faire.
6. Wir haben eine Frage: Nous voulons / voudrions / aimerions...

...vous demander quelque chose.
...savoir, si / quand / comment /pourquoi...

7. Sagen Sie uns, was Sie wollen: Dites-nous ce que vous voulez.
8. Willst Du uns nicht sagen, was los ist? Tu ne veux pas nous dire ce qui se passe?

IV Übersetzung der Lektüre I

Nur der König sagt: «Ich will.»

Erinnerst du dich, Theo, an dein erstes französisches Fax? So hast du es verfaßt: «Sehr geehrter Herr X,

ich will drei Ersatzteile Nr... bestellen. Wollen Sie sie mir bitte schnell schicken!»

Und erinnerst du dich an das Gespräch, das sich daraus ergab?

— Theo, es tut mir sehr leid, ich möchte dich nicht enttäuschen, aber es ist absolut unmöglich, *ich will* zu sagen, du solltest zumindest sagen: *ich möchte*!

Ja, aber ich will nicht *ich möchte* sagen. Ich will ganz bewußt *Ich will* sagen.

Ich verstehe dich sehr gut, aber was kann ich machen? Bei uns in Frankreich sagt man uns von Kindesbeinen an: «Nur der König sagt: *Ich will.*» Und weißt du, was mit dem letzten König passiert ist? Er wurde geköpft! Wenn du auf dieser Ausdrucksweise bestehst, obwohl du in der Position des Fordernden bist, des Befehlsgebers im wahrsten Sinne des Wortes, dann läufst du Gefahr, einen schlechten Eindruck zu machen. Es kann sein, daß es dir übelgenommen wird, und die Versuchung ist groß, sich beleidigt zu fühlen. Und wenn man sich beleidigt fühlt, wird man böse, und wenn man böse ist, hat man sich nicht immer in der Gewalt... Weißt du, was ich meine? Also dann, Theo, ob du willst oder nicht, selbst wenn du *je veux* lieber benützen möchtest, wirst du davon ablassen müssen! Schreib lieber: Sehr geehrer Herr X,

- Schicken Sie mir bitte baldmöglichst drei Ersatzteile NR. 18097 C.
- Können Sie mir so schnell wie möglich drei Ersatzteile NR. 18096 C zuschicken?

Danke!
Theo X

Und dein Kopf ist gerettet!

IX. Kapitel

Die Geschichte der fünf Zeiträuber Vor, Seit, Bis, In und *Von ... Bis*

In der Ära des persönlichen Erfolgs wird das Gut «Zeit» hochgeschätzt, ja geradezu vergöttert. Überall wird Zeit verwaltet, gewonnen, verteilt, gespart. Folgerichtig stellen Zeitmanagement-Gurus schwarze Listen von Zeitdieben auf. Sie betreiben eine regelrechte Verfolgungsjagd und zeigen mit anklagendem Finger u.a. auf mangelhaften Kommunikationsfluß. Dieses Kapitel richtet sich besonders an jene unglücklichen Zeitritter, die zwar möglicherweise ihre Stunden optimal verwalten, aber danach ihre Erfolgschancen durch fantasievolle Zeit-Formulierungen im Französischen vernichten.

Vor – der Zeiträuber Nr. 1

Wer Streßfaktoren abbauen will, muß Prioritäten setzen. Dabei hat der Zeit-Gauner *Vor* den absoluten Vorrang. Bevor Sie sich mit ihm messen, sollten Sie sich auf ihn einstellen und festlegen, was Sie von ihm im Französischen schon wissen. Dazu verhilft Ihnen jetzt Mélanie mit ihrer Liebesgeschichte:

«Wir lernten uns *heute vor einem Jahr* kennen. Es war *kurz vor der Fußball-Weltmeisterschaft*, die die Franzosen gewinnen sollten. Wir versprachen einander, uns noch *vor Weihnachten* wiederzusehen. Ich wollte den Besuch unbedingt *vor ihm* wahr machen. Aber *bevor* ich es verwirklichen konnte, kündigte er seinen Besuch an. *Vor seiner Ankunft* würde er anrufen, schrieb er. Und *vor kurzem, vor zwei Tagen* genau gesagt, stand er *kurz vor zwölf* da, ohne Vorwarnung!»

Würden Sie es auch wie ich mit: *Il y a* un an aujourd'hui, *juste avant* la coupe du monde de foot, *avant* Noël, *avant* lui, *avant que* je puisse le faire, *avant son arrivée, il y a peu de temps/récemment, il y a deux jours, peu avant midi* übersetzen?

Oder waren Sie etwa gerade drauf und dran, *devant* zu benützen? Dann stehen Sie mit dieser Fehleinschätzung nicht allein!

Sogar Besserwisser lassen sich von dem Zeitgauner *Vor* an der Nase rumführen und wissen nicht, wo oder wann er auftritt: *devant* oder *avant*? *Devant* heißt das Fleckchen, wo der Dieb lauert. *Avant* der Zeitpunkt, den er sich für seine Untaten gern aussucht. Listige Zeitgenossen nehmen Anfangsbuchstaben zur Hilfe.

- avant ist das Gegenteil von après. Beide fangen mit a an.
- devant ist das Gegenteil von derrière. Beide fangen mit d an.

Sind Sie also unsicher und wollen Sie *Vor* austricksen, ersetzen Sie ihn im Deutschen durch seine Gegenteile *nach* und *hinter*. Sie kommen problemlos im Französischen auf die Begriffe *après* oder *derrière*. So können Sie auf die List der Anfangsbuchstaben zurückgreifen und sich leicht zwischen *avant* und *devant* entscheiden.

Jetzt erfahren Sie, was passierte, als unsere *tourtereaux*, unsere Turteltäubchen, sich trafen: Il est arrivé *à midi moins* cinq *devant* la maison, avec son chien. Je suis arrivée *devant* la maison, *après* lui et avant midi. *Avant de* me parler et *avant que* j'aie pu réagir, il m'a embrassée et m'a demandé ce qu'on allait faire.

Was hätten Sie ihm geantwortet?

Ich jedenfalls hätte nach seinem zweiten Gesicht gefragt. Denn unter anderem heißt *Vor* nämlich auch *il y a*. Besonders wenn er sich über die Vergangenheit ausläßt. Er bezieht sich dann auf einen Zeitraum, aber im Gegensatz zu *avant* nie auf ein Datum oder ein Ereignis. Und über die Zukunft mag er schon gar nicht sprechen. Fragt man ihn: «*Quand* êtes-vous parti de chez vous?» antwortet er:

Je suis parti de New York *il y a trois semaines.*
Il y a trois semaines que je suis parti.

Im Gegensatz zu:
Je suis parti *avant le 18 décembre.*
Je suis parti *avant que* Mélanie (ne) vienne me voir.

Als *avant que* (bevor) beachtet er den Subjonctif und setzt vor den folgenden Verb *ne* – ein modernes und nicht obligatorisches Element, das trotz seines Aussehens gar keine Ambitionen auf Verneinungen zeigt.

Als *davor, kurz davor* ist er unproblematisch und läßt sich gern im Fränzösischen mit *avant cela, peu de temps avant* vertreten:

Il y a trois mois, je les ai rencontrés. *Peu de temps avant*, ils s'étaient mariés.

Und da in Frankreich alles mit einem großen Essen und Musik endet, können wir davon ausgehen, daß bei der Vermählung der Refrain «*Il y a longtemps que* je t'aime, jamais je ne t'oublierai» gesungen wurde. Dabei zeigte *Vor*, wie er sich mit ein bißchen Unterstützung mühelos in *schon lange* verwandeln kann!

Manchmal kann er durch *Seit* ausgetauscht werden: Ils s'aiment *depuis longtemps*. Jedoch nicht immer, was der alte Gauner skrupellos dazu nutzt, weitere Verwirrung zu stiften.

Und schon sind wir bei einem anderen, wenn auch harmloseren Zeitdieb.

***Seit* – der Zeiträuber Nr. 2**

Kommt es bei Ihnen auch oft vor, daß Sie sich auf eine Aufgabe einfach nicht konzentrieren können? Anrufe, Besprechungen, Papierkram machen Ihnen die Arbeitsbude zur Hölle. *Seit zu langer* Zeit bleibt ein wichtiges Projekt liegen, *seit zu langer* Zeit kommen Sie keinen Zentimeter vorwärts:

Depuis trop longtemps, votre travail n'avance pas!
Depuis le début de la semaine, vous n'avez pas avancé d'un pouce.
Depuis le 8 juillet...
Depuis 1998....
Depuis huit heures...

Achtung, in einem dieser Beispiele könnte der alte Gauner *Depuis* Sie auf den Arm nehmen. Wissen Sie im welchem? Jawohl, im letzten! Denn er kann sowohl *seit acht Uhr* als *seit acht Stunden* bedeuten. Aber es ist die einzige Gemeinheit, die er sich erlaubt. Ob Datum, Zeitraum oder Uhrzeit, bei der Angabe eines Ausgangspunktes sind Sie mit dem Zeiträuber *Depuis* eigentlich immer an der richtigen Adresse.

Suchen Sie für *Seitdem* eine passende Struktur, stoßen Sie wieder auf *Depuis*, entweder als Einzelgänger oder eventuell in Begleitung von *ce jour-là, ce moment-là* und ähnlichen Strukturen oder noch in Begleitung von *que*. Jedesmal verhält er sich als genügsamer, einfach strukturierter Typ, der nicht einmal den Subjonctif verlangt.

Depuis ce jour-là, je ne l'ai plus revu.
Depuis, je ne l'ai plus revu.
Depuis que nous avons mis les choses au clair, il est très agréable.

Auf ihn können Sie sogar verzichten und seine charaktervollen Helfershelfer *cela fait, voilà* oder das wohlbekannte *il y a* in Anspruch nehmen.
Cela fait quatre heures que je travaille à ce projet.
Voilà quatre heures que je travaille à ce projet.
Il y a quatre heures que je travaille à ce projet.

Wollen Sie mit Ihrer Arbeit schneller vorankommen, gönnen Sie sich ein stilles Stündchen, in dem niemand Sie stören kann oder darf, außer Sie selbst. Denken Sie in aller Ruhe über *Seit/Seitdem* nach, und Sie werden mit Staunen folgendes feststellen: *depuis que* vous vous réservez une heure par jour, vous avancez beaucoup plus vite dans votre travail!

Nachdem wir Prioritäten gesetzt und uns eine Schonzeit für die schnellere Erledigung wichtiger Aufgaben eingeräumt haben, können wir unseren Kreuzzug gegen die Zeiträuber fortführen und uns unserem nächsten Widersacher *Bis* stellen.

Bis – der Zeiträuber Nr. 3

Um den Kampf gegen einen Feind zu gewinnen, muß man sich ihn manchmal zum Verbündeten machen. Die Zähmungsstrategie für *Bis* heißt hier «Zielsetzung mit Zeitvorgabe», offenbar der Weg zum wahren Glück, glaubt man Erfolgsautor L. J. Seiwert: «Nur derjenige, welcher seine Ziele auch definiert hat, behält in der Hektik des Tagesgeschehens den Überblick...». Und da ein Ziel eine Frist enthalten sollte, werden wir von *Bis* alias *Bis...zu* sehr gut bedient. Tout un programme taillé sur mesure pour *Jusqu'à*!
Nous attendrons *jusqu'à demain* pour appliquer notre nouvelle stratégie.
Nous attendrons *jusqu'à la fin de l'année.*
Nous attendrons *jusqu'au premier juin.*
Nous attendorns *jusqu'à ce qu'*il soit d'accord.

So pflegeleicht wie *Depuis* ist der Fristen-Freak *Jusqu'à* allerdings nicht. Anspruchsvoll jongliert dieser Streber mit *à, au, à la* usw...

und verlangt den Subjonktif nach *jusqu'à ce que*. Und wie die meisten seiner Komplizen sorgt auch er für Überraschungen: Er verkleidet sich gerne und erscheint da in anderer Identität, wo man ihn laut deutscher Vorgabe persönlich erwartet. *Bis drei* Uhr heißt sowohl *jusqu'à trois heures* als auch *pour trois heures*.

Sollte ich nur *bis drei Uhr* Zeit für Sie haben,
je ne peux m'occuper de vous que *jusqu'à trois heures*.

Sollte eine Aufgabe *bis drei Uhr* erledigt sein,
soyez donc prêt *pour trois heures*.

Wird Ihnen Zeit *bis morgen* eingeräumt,
d'ici demain, votre travail doit être terminé.

Bis morgen bedarf sowieso einer Extrabehandlung. Damit hat der findige Zeiträuber schon mehr als eine Person geärgert.» «Warum kann ich mich nicht mit *jusqu'à demain* verabschieden?» lautet die übliche Klage im Unterricht. Weil *jusqu'à* die Kontinuität betont, wenn *à demain* auf einen Zeitpunkt abzielt. Sollten wir uns morgen nochmal treffen, brauchen wir doch nicht die ganze Nacht, um uns zu verabschieden. Machen wir es doch lieber kurz und schmerzlos. Und sagen wir *à demain*. Oder was meinen Sie dazu?

In – der Zeiträuber Nr. 4

Eine Frist zu setzen ist schön und sinnvoll, wenn diese realistisch ist (Meine Verleger wissen ein Lied davon zu singen!). Dafür müssen wir abschätzen, wie lange wir brauchen. Und da tritt der Schurke *In* auf die Bildfläche und verlangt den Zeitverlauf als Tribut.

Können Sie diesen Zeitverlauf, die Dauer, nicht abschätzen, besteht kein Grund zur Panik: Sie stehen damit nicht allein da. Die anderen verschätzen sich nämlich auch dabei. Rassurez-vous donc, vous n'êtes pas le seul ou la seule!

Mon petit guide de gestion du temps conseille de ne planifier que 60% de son temps et de laisser 40% comme marge de sécurité pour faire face à d'éventuelles surprises. Und auf dem Gebiet der Überraschungen ist *In* Spezialist. Mit seinen französischen Komplizen *En* und *Dans* führt er Sie gern irre. Wollen Sie ihm trotzdem einen Besuch abstatten? Dann müssen Sie aber zuerst einige Fragen über sich ergehen lassen:

- Dans combien de temps voulez-vous aller chez lui?
- En combien de temps pouvez-vous aller chez lui?

Dans combien de temps est-ce que je veux aller chez lui? *Dans* deux heures, *dans* huit jours, *dans* trois semaines, *dans* un an, je ne sais pas encore.

En combien de temps est-ce que je peux aller chez lui? Ça dépend: peut-être *en* une demi-heure ou *en* trois quarts d'heure...

Ob Sie sich jetzt schon festlegen wollen oder nicht, eines steht fest:

- Dans deux heures ist: ab jetzt nach Ablauf von zwei Stunden,
- En deux heures ist: innerhalb/während zwei Stunden

Wer sich schwer tut, *dans* von *en* zu unterscheiden, kann über folgende Eselsbrücke gehen: Läßt sich *In* durch *Innerhalb* ersetzen, ist im Französischen *en* zwingend.

Haben Sie sich tatsächlich entschlossen, *In* einen Besuch abzustatten, müssen Sie sich nicht an *dans* oder *en* festklammern. Der Zeitpunkt genauso wie die Dauer der Fahrzeit kann sich vom Räuber *In* befreien und flexible Gestalt annehmen. Deswegen mein Rat: Wollen Sie *in den Ferien* zu ihm fahren, tun Sie es am besten *pendant les vacances*, es sei denn, Sie möchten es noch *in diesem*

Monat hinter sich bringen: *ce mois-ci*. Wollen Sie wissen, wie lange Sie für die Fahrt brauchen, sage ich Ihnen mal, daß Sie *in drei Stunden* dort sein werden:
Il vous faut trois heures pour aller chez lui.
Il y a trois heures de trajet pour aller chez lui.
Vous mettrez trois heures pour aller chez lui.
Cela prend trois heures *d'*aller chez lui.

Einige Begriffe, die im Deutschen eine eindeutige Beziehung zu *In* haben, pflegen keine zu *dans* oder *en*. *Au printemps* sondert sich z.B. von *en été, en automne, en hiver* ab; *au Moyen-Âge* setzt sich gegen *dans l'Antiquité* durch. *À ce moment-là*, das sich auf die Zukunft oder die Vergangenheit bezieht, grenzt sich von *en ce moment,* das nur die Gegenwart würdigt, deutlich ab.
En ce moment vous essayez de gagner du temps.
À ce moment-là vous ne saviez plus que faire.
À ce moment-là tu verras bien ce que tu feras.

Lassen Sie sich von diesen Rebellen aber nicht ärgern. Sie sind Randerscheinungen, die uns wenig Sorgen bereiten. Wir müssen erst einmal mit den bedeutenderen Zeiträubern zurechtkommen. Und der Zeitdieb *Von...Bis*, der jetzt auf uns zukommt, ist so einer, wenngleich der letzte in der Reihe.

Von...Bis – der Zeiträuber Nr. 5

Kein gutes Zeitmanagement ohne optimale Terminplanung und Einsetzen der eigenen Leistungskurve! Aufgaben, die zwangsläufig zu unserem letzten Zeitdieb führen, zu unserem kleinen Agenten-double *Von...Bis.*

Hier sind die wichtigsten Informationen aus dem Steckbrief, der uns über ihn vorliegt. Er

- ist der Diener zweier Herren: le début und la fin.
- hat nur eines im Kopf: seine Arbeitszeiten einzuhalten.
- arbeitet mit wenigen Mitteln. Sein Standardwerkzeug ist de... à..., vor allem zu gewissen Uhrzeiten, an bestimmten Tagen und Monaten.

Il travaille *de sept heures à dix-neuf heures* ou de *midi à minuit.*
Il travaille *de janvier à juin.*

- hat Verbündete: du / de la / de l' / des...au / à la / à l' / aux, auf die er im Notfall täglich oder monatlich zurückgreift.
  Il travaille du matin au soir et du soir au matin.
  Il travaille du lundi 8 au mercredi 10 mai.
  Il travaille du mois de mai au mois de juin.
  Il travaille du 8 au 10 mai.
- zeigt für Innovationen oder schöne Erfindungen wenig Verständnis
- duldet die Begleitung von Komplizen wie de...jusqu'à oder
- wenn es zur Betonung sein muß, von depuis / à partir de.. jusqu'à, wobei sich depuis mit seit und à partir de mit ab auch abfinden.
- arbeitet hin und wieder mit Zeitplanungsexperten zusammen, die die Leistungskurve des Organismus wie folgt definiert haben:
  De six heures à dix heures du matin, nos capacités passent de 100% à environ 135%.
  À partir de dix heures, elles commencent déjà à baisser. Cette baisse dure jusqu'à deux heures de l'après-midi.
  De deux heures de l'après-midi jusqu'à huit heures du soir, elles arrivent à dépasser les 110%.
  À partir de huit heures du soir et jusqu'à quatre heures du matin, c'est la chute libre jusqu'à 50%.

Um diesen Schwankungen entgegenzusteuern, macht er nach jeder Stunde Arbeit eine zehnminütige Verschnaufpause.

Seine bevorzugte Strategie besteht darin, seine Feinde während bestimmter Tiefpunkte ihrer Leistungskurve zu überraschen. Zum Beispiel nach einem Mittagessen, wenn sich laut deutscher Allgemeinheit und Wissenschaft das ganze Blut im Magen befinden soll, was eine miserable Wirkung auf jederlei geistige Aktivität habe, denn im Kopf fehle die zur Leistung notwendige Durchblutung... Eine für das französische Denken, Handeln und Mittagessen sehr dubiose Theorie.

Also, wollen Sie den Zeiträubern gewachsen sein, bleiben Sie bescheiden und konzentrieren Sie sich erst einmal auf die wichtigsten, bevor Sie sich in den Kampf stürzen. Bleiben Sie, solange Sie es für nötig halten in Deckung, d.h. bei den Strukturen, die Sie gut beherrschen. Merken Sie sich Ihre eigenen Schwachstellen. Versuchen Sie nicht alle Zeitdiebe auf einmal niederzuschlagen! Ne combattez pas sur tous les fronts à la fois! Fixez-vous des priorités et des temps de repos, car à chaque jour suffit sa peine.

Kommt Zeit, kommt Rat... verbessern sich Ihre Formulierungen, dann verschwinden die Zeiträuber! Mais ils ne partent pas par l'opération du Saint-Esprit. Denn nur Übung macht den Meister!

Anhang zum Haupttext

seine Zeit verwalten: *gérer son temps*

den absoluten Vorrang haben: *avoir la priorité absolue*

Papierkram: *la paperasserie*

taillé sur mesure: maßgeschneidert, an die eigenen Bedürfnisse angepaßt

appliquer une stratégie: eine Strategie anwenden

d'ici demain: «von jetzt an bis morgen». Tipp: d'ici... tritt auf, wenn *bis* durch *bis spätestens* zu ersetzen ist.

rassurez-vous: beruhigen Sie sich, machen Sie sich keine Sorgen

une marge de sécurité: Zeitpuffer

faire face à: hier, mit Überraschungen fertig werden

innerhalb: kleine Ergänzung für Besserwisser in Wirtschaftsfranzösisch. Wird die Dauer betrachtet, heißt *innerhalb*: *en*. Wird eine Frist betrachtet, heißt es *dans les...* «Expédiez-moi ce produit *dans les trois jours*» heißt, in den nächsten drei Tagen müssen Sie das Produkt geschickt haben. «Expédiez-moi cet article *en trois jours*» bedeutet dagegen lustigerweise, daß das Produkt drei Tage lang unterwegs sein muß.

zurechtkommen: *se débrouiller avec*. Heißt auch *sich zu helfen wissen*

à la fois: auf einmal, kann auch *gleichzeitig* bedeuten

un temps de repos: eine Erholungsphase

à chaque jour suffit sa peine! Der Tag hat auch nur 24 Stunden! hier wird *peine* im Sinne von *Arbeit* verstanden, und nicht von *Trauer, Traurigkeit*

Kommt Zeit, kommt Rat: *laissons le temps faire son oeuvre*

partir par l'opération du Saint-Esprit: wie durch ein Wunder Gottes verschwinden

Übung macht den Meister: *c'est en forgeant qu'on devient forgeron. Le forgeron* n'est autre que *der Schmied.*

Lektüre I

Invitation au théâtre

Il y a trois ans, une drôle d'histoire est arrivée à des amis. Une histoire vraie! *Cela faisait* à peine *trois mois* qu'ils habitaient à Paris, qu'*un soir* Chantal et Marc n'ont plus retrouvé leur voiture. *Une demi-heure auparavant*, ils l'avaient garée devant la maison, et *au moment* de repartir elle n'y était plus. Sur le moment, ne sachant que faire, ils ont décidé d'attendre *jusqu'au lendemain avant d'*alerter la police. La nuit portant conseil, ils sont donc allés se coucher et *le lendemain*, surprise! La voiture était à nouveau dans la rue. *En une nuit*, leur vie avait repris son cours normal. Sur le pare-brise de la voiture, ils ont trouvé le petit mot suivant: «*Hier soir*, nous avons eu d'urgence besoin de votre voiture. Pour vous remercier de nous l'avoir prêtée *pendant* quelques heures, nous joignons à ce petit mot d'excuse deux places de théâtre. La séance a lieu *le lundi 8 mars de 20 heures 15 à 23 heures*. Allez-y, cela vaut le coup et amusez-vous bien!» Très contents, nos deux amis ont profité de l'occasion et se sont rendus *le jour dit* à la représentation. Ils y sont restés comme prévu *jusqu'à 23 heures*. *Pendant qu'*ils «s'amusaient», leur appartement était non seulement visité, mais littéralement vidé. *En deux temps trois mouvements*, les cambrioleurs avaient tout emporté!

Lektüre II

Pourquoi avez-vous manqué votre avion Monsieur Schmidt?

— Il y a quelque temps, Monsieur, vous manquiez votre avion. Pourquoi donc vous, Monsieur, qui êtes le spécialiste de la gestion du temps?

— Il y a trois mois, je me trouvais chez des clients à Toulouse. Auparavant, je n'avais jamais été en France. La réunion devait commencer peu après mon arrivée, à dix heures et quart. En deux heures, à savoir jusqu'au repas de midi, nous aurions pu avoir terminé. Et j'avais prévu d'être de retour en Allemagne dans le courant de l'après-midi.

— Que s'est-il donc passé?

— Depuis longtemps, je sais que les Français aiment beaucoup manger. Mais j'ignorais qu'ils restaient parfois à table pendant des heures. Nous avons mangé et bu d'une heure à quatre heures de l'après-midi. J'aurais dû être à l'aéroport avant quatre heures, mais ne pouvais décemment pas quitter la table avant la fin du repas. Pendant le repas, j'ai sans cesse regardé ma montre en pensant: «Dans une demi-heure, je devrais être à l'aéroport; dans un quart d'heure, je devrais être à l'aéroport; dans cinq minutes, je devrais être à l'aéroport; maintenant, je devrais être à l'aéroport; il y a cinq minutes, j'aurais dû être à l'aéroport». Résultat des courses: j'ai manqué mon avion!

— Quelle leçon en avez-vous tiré?

— N'allez jamais en France sans emporter votre sandwich!»

Formulierungsübungen

I Der kleine Unterschied

1. Also gut, ich gehe, bis morgen!

___

2. Bis morgen muß alles fertig sein.

___

3. Seit sieben Jahren kommt sie regelmäßig.

___

4. Seitdem erwarten wir sie jedes Jahr an Weihnachten.

___

5. Sie will wissen, ob wir in zehn Stunden zu ihr fahren können.

___

6. Nach zehn Stunden Fahrt werden wir müde sein.

___

7. Vor drei Jahren habe ich ihn zum letzten Mal gesehen.

___

8. Du wirst sehen, bevor drei Jahre vergangen sind, ist er wieder da.

___

9. In einer Woche gehen wir. Kann sie in einer Woche alles machen?

___

___

10. Seitdem sie 15 Jahre alt ist, wohnt sie allein. Sie wohnt seit fünf Jahren hier.

11. Sie sind in zwei Stunden angereist.

12. Sie wollen in zwei Stunden schon gehen.

II Wie können Sie diese Ausdrücke im Deutschen am besten wiedergeben?

1. En ce moment vous essayez de gagner du temps.

2. À ce moment-là vous ne saviez plus que faire.

3. À ce moment-là tu verras bien ce que tu feras.

III Übersetzen Sie die Leistungskurve

1. De six heures à dix heures du matin, nos capacités passent de 100% à environ 135%.

2. A partir de dix heures, elles commencent déjà à baisser. Cette baisse dure jusqu'à deux heures de l'après-midi.

____

____

____

3. De deux heures de l'après-midi jusqu'à huit heures du soir, elles arrivent à dépasser les 110%.

____

____

4. À partir de huit heures du soir, jusqu'à quatre heures du matin c'est la chute libre jusqu'à -50%.

____

____

IV Übersetzen Sie die Lektüre I

V Übersetzen Sie die Lektüre II

Vorschläge zu den Formulierungsübungen

I Der kleine Unterschied – La petite différence

1. Bon, je m'en vais. À demain!
2. D'ici demain, tout doit être terminé.
3. Elle vient régulièrement depuis sept ans.
4. Depuis, nous l'attendons tous les ans à Noël.
5. Elle veut savoir, si on peut aller chez elle en dix heures.
6. Après dix heures de route, nous allons être fatigués.
7. Je l'ai vu pour la dernière fois il y a trois ans.
8. Tu vas voir, avant trois ans il sera revenu.
9. On part dans une semaine. Peut-elle tout faire en une semaine?
10. Depuis qu'elle a 15 ans, elle habite toute seule. Elle habite ici depuis cinq ans.
11. Ils sont arrivés en deux heures.
12. Dans deux heures ils veulent déjà repartir.

II Wie können Sie diese Ausdrücke im Deutschen am besten wiedergeben?

1. En ce moment vous essayez de gagner du temps: Zur Zeit versuchen Sie Zeit zu gewinnen.
2. À ce moment-là vous ne saviez plus que faire: Damals / zu diesem Zeitpunkt wußten Sie nicht mehr, was Sie tun sollten.
3. À ce moment-là tu verras bien ce que tu feras: Dann wirst du wohl sehen, was du machen wirst.

III Übersetzen Sie die Leistungskurve

1. Zwischen 6.00 und 10.00 Uhr morgens steigt unsere Aufnahmefähigkeit von 100 auf circa 135 %.
2. Ab 10.00 Uhr fällt sie bereits. Dieser Leistungsabfall hält bis 14.00 Uhr an.
3. Von 14.00 Uhr bis 20.00 Uhr kann sie sogar 110 % übersteigen.
4. Von 20.00 Uhr an bis 4.00 Uhr früh nimmt sie rapide ab bis auf -50 %.

IV Vorschlag zur Übersetzung der Lektüre I

Vor drei Jahren ist Freunden eine merkwürdige Geschichte passiert – eine wahre Geschichte. Chantal und Marc wohnten kaum drei Monate in Paris, als sie eines Abends ihr Fahrzeug nicht mehr wiederfanden. Sie hatten es eine halbe Stunde zuvor vor ihrem Haus abgestellt, und als sie zurückkamen, war es nicht mehr da. Da sie nicht wußten, was sie jetzt tun sollten, entschlossen sie sich, bis zum nächsten Tag zu warten, bevor sie die Polizei einschalten würden. Nach dem Motto «Erst 'mal eine Nacht darüber schlafen» sind sie schlafen gegangen und am nächsten Morgen – was für eine Überraschung – stand das Fahrzeug wieder in der Straße. In ein und derselben Nacht war ihr Leben wieder ins Lot gekommen. An der Windschutzscheibe fanden sie die folgende Notiz: «Gestern abend brauchten wir ganz dringend Ihr Fahrzeug. Um Ihnen dafür zu danken, daß Sie es uns einige Stunden geliehen haben, legen wir dieser Entschuldigung zwei Theaterkarten bei. Die Vorstellung ist Montag, den 8. März von 20.15 Uhr bis 23.00 Uhr. Gehen Sie dorthin. Es lohnt sich! Viel Spaß!» Überglücklich haben unsere beiden Freunde die Gelegenheit wahrgenommen und sind an jenem Tag ins Theater gegangen. Sie sind dort wie geplant bis 23.00 Uhr geblieben. Während sie «ihren Spaß hatten», hatten sie nicht nur Besuch in ihrer Wohnung, sondern diese wurde auch regelrecht ausgeräumt. In null Komma nichts hatten die Einbrecher gleich alles mitgenommen!

V Vorschlag zur Übersetzung der Lektüre II

Warum haben Sie Ihr Flugzeug verpaßt, Herr Schmidt?

— Vor einiger Zeit verpaßten Sie, Herr Schmidt, Ihr Flugzeug. Warum denn gerade Sie als der Zeitmanager?

— Vor drei Monaten war ich bei Kunden in Toulouse. Davor war ich noch nie in Frankreich gewesen. Die Besprechung sollte kurz nach meiner Ankunft anfangen, um Viertel nach elf. In zwei Stunden hätten wir fertig sein können, das heißt bis zum Mittagessen, und ich hatte geplant, im Laufe des Nachmittags zurück nach Deutschland zu fliegen.

— Was ist dann passiert?

— Ich weiß schon lange, daß Franzosen sehr gerne essen. Aber, daß sie manchmal stundenlang tafeln können, das wußte ich nicht. Wir haben von eins bis vier Uhr gegessen und getrunken! Ich sollte vor vier Uhr am Flughafen sein, es wäre aber nicht anständig gewesen, den Tisch zu verlassen, bevor das Essen beendet war. Und während des Essens habe ich ständig auf meine Uhr geschaut und gedacht: «In einer halben Stunde sollte ich am Flughafen sein... Jetzt sollte ich am Flughafen sein. Vor fünf Minuten hätte ich am Flughafen sein sollen!» Das Ende vom Lied war, daß ich mein Flugzeug verpaßt habe.

— Was für eine Lehre haben Sie daraus gezogen?

— Fliegen Sie nie nach Frankreich ohne eigenen Proviant!

X. Kapitel

Die Pünktlichkeit ist eine Zier, oder... von der französischen Zeitauffassung

Auch wenn unsere *art de vivre*, unsere *liberté toujours*, wie es ein nimmermüder Tabakfabrikant in diesen Tagen plakatiert, diesseits des Rheins von einigen Mitmenschen sehr gepriesen wird, ist die Art und Weise, wie wir, die Franzosen, mit unserer Zeit umgehen, irgendwie doch nicht so recht nach deutschem Geschmack: *Nous avons l'horrible réputation d'être toujours en retard.* Wir haben den schrecklichen Ruf, Zeit auf Grund mangelnder Planung zu vergeuden, egal ob privat oder im Geschäftsleben.

Wer aber in Frankreich *le temps à la française* nicht beachtet, wird vom Leben bestraft. Quelques exemples pourront aider les naïfs à remettre leurs pendules à l'heure. Folgende Erläuterungen werden sicherlich einigen deutschen Besserwissern helfen, die Lage besser einzuschätzen.

Trotz allen Ärgers, den die scheinbare Ungenauigkeit unserer Ausdrucks- und Handlungsweise Ihnen bereitet, sollten Sie dringend ihr Urteil noch einmal überdenken und zudem auf die Korrektheit Ihres Ausdrucks achten! Denn eins ist sicher: Die Wahrscheinlichkeit, daß wir uns rasch ändern, ist gleich null.

Was heißt hier eigentlich pünktlich sein?

In der Hitparade der Pünktlichkeit würde ich die Schweiz an erste, Deutschland an zweite Stelle setzen: mais j'aurais beaucoup de scrupules à placer la France en troisième position!

Was heißt nun aber pünktlich sein? Rein objektiv, sprachlich gesehen: *être à l'heure*, le contraire d'*être en retard.* Aber kann man auf diesem Gebiet überhaupt objektiv sein? Der Begriff ist doch viel tiefgreifender, viel subjektiver: Fachleute, wie ein gewisser Herr Hall, betrachten die Zeitkonzeption als Grundpfeiler der Kultur: «Jede Kultur hat ihre eigene Zeitsprache... Aber wie selbstverständlich gehen wir davon aus, daß unser System allgemeingültig ist, und übertragen es auf andere Länder und Kulturen.»

Wie recht Sie haben, Monsieur! Ich konnte es am eigenen Leibe spüren. Denn meine erste Einladung auf deutschem Boden gab mir Anlaß, viel über die kulturelle Zeitauffassung und das Verständnis der Pünktlichkeit nachzudenken:

J'avais invité mes collègues à manger à sept heures et demie, et pour moi il était clair que je pouvais disposer de mon temps au moins jusqu'à cette heure-là. Dix minutes avant l'ouverture officielle des festivités, à sept heures vingt, j'étais supercontente: tout était prêt, je pouvais enfin me doucher. Je n'avais pas encore posé mon deuxième pied dans la baignoire qu'on sonnait: les premiers invités allemands étaient arrivés...

Inzwischen habe ich folgendes verstanden: *Quelle est la pire des choses qui puisse arriver à un Allemand quand il est invité chez quelqu'un?*

C'est d'arriver en retard!

Was ist das Schlimmste für Deutsche, wenn sie eingeladen sind? Nicht pünklich zu sein! Wobei *pünktlich sein* nach meiner Erfahrung die ganz besondere Bedeutung hat, *spätestens* um die abgemachte Zeit einzutreffen. Sind sie für 19.00 Uhr eingeladen, fahren sie rechtzeitig ab, rechnen damit, daß sie um 18.45 Uhr an Ort und Stelle sein sollten, berücksichtigen Tausende möglicher Störfaktoren, weswegen sie zu spät kommen könnten und befinden sich zehn Minuten früher als ausgemacht am Treffpunkt. Sie nützen das akademische Viertel voll aus, aber auf ihre eigene Art. Merke: Bist du bei Deutschen eingeladen, komm bitte zehn Minuten früher an, spätestens aber um die verabredete Zeit. C'est ça, être à l'heure à l'allemande.

Quelle est la pire des choses qui puisse arriver à un Français quand il est invité chez quelqu'un?

C'est d'arriver à l'heure!

Was ist das Schlimmste für Franzosen, wenn sie eingeladen sind? Pünklich zu kommen jedenfalls im deutschen Sinne. Sind sie für 19.30 Uhr eingeladen, planen sie, zwischen 19.40 Uhr und 20.00 Uhr anzukommen. Von möglichen verzögernden Zwischenfällen ist gar nicht die Rede. Es wird ja schon klappen, *et si l'on est retardé par quoi que ce soit, ce n'est pas grave*. Und warum kommen sie verspätet an? Es ist für Deutsche kaum zu glauben: Aus purer Höflichkeit! Sollten die Gastgeber mit ihren Vorbereitungen nicht fertig sein, haben diese noch etwas Spielraum. Ein wenig Egoismus ist zugegeben auch dabei, denn als erster da zu sein, bedeutet, die Stimmung selbst machen zu müssen. Das akademische Viertel wird voll ausgenützt, aber nach französischer Art. Merke: Bist du bei Franzosen eingeladen, komme bitte frühestens zu der ausgemachten Uhrzeit an, aber besser noch ein paar Minuten später. *C'est ça, être à l'heure à la française.*

Voici comment nous pourrions résumer ce comportement au risque de tomber dans les clichés et les généralisations trompeuses. So können wir es kurz zusammenfassen und wissen dabei nur zu gut, daß wir uns trügerischer Verallgemeinerungen bekannter Klischees bedienen:

Les Allemands *sont* rarement *en retard.*
Les Allemands *sont* souvent *en avance.*
Les Allemands *sont* toujours *à l'heure.*

Les Allemands *sont* très *ponctuels.*
Les Allemands partent *très tôt* pour arriver *plus tôt* que prévu.
Si les Allemands *sont en retard*, c'est qu'ils *ont été retardés.*

Les Français *sont* rarement *en avance.*
Les Français *sont* souvent *en retard.*
Les Français ne *sont* presque jamais à l'heure.
Les Français *sont* parfois *ponctuels.*
Les Français *partent à temps* pour *arriver en retard.*
Si les Français *sont en retard*, c'est par philosophie.

La morale de cette histoire? Si vous avez rendez-vous avec un Allemand qui exceptionnellement n'est pas arrivé trop tôt, et qui est en retard d'un quart d'heure, ne l'attendez plus, il vous a sans doute oublié.

Si vous avez rendez-vous avec un Français qui est en retard d'un quart d'heure, attendez un quart d'heure de plus, il risque encore d'arriver.

Außerdem: In Wirklichkeit *sind* Franzosen niemals zu spät. Die Grammatik duldet es gar nicht. Franzosen *kommen* zu spät. Die Deutschen dagegen dürfen sowohl *zu spät sein*, wie auch *zu spät kommen*, aber in Wirklichkeit sind sie immer pünktlich. Les Français *arrivent trop tard,* quand les Allemands préfèrent *être en retard*! Sagen Sie deshalb bitte nie: je suis trop tard/tôt, denn nur bei Situationen kann es zu früh oder zu spät sein, Personen können das nicht. Dans votre cas, il n'est bien sûr jamais trop tard pour mieux faire...

Et encore un petit conseil: ne dites jamais que les Français sont des *attardés.* Cela signifie qu'ils sont débiles, geistig verspätet, zurückgeblieben.

Haben Sie einen Vorstellungstermin, würde ich Ihnen hingegen wärmstens empfehlen, vor der verabredeten Uhrzeit zu erscheinen. Wir unterscheiden nämlich zwischen Terminen und Terminen, auch wenn es einigen Nicht-Franzosen bisher nicht aufgefallen sein sollte (s. Lektüre: «Das Einhalten von Verabredungen»).

Für uns ist das Verschieben von Fristen und Terminen eine Selbstverständlichkeit. Ob im Studium, im Alltag oder im Geschäftsleben, jede Planung und zeitliche Zielsetzung kann ohne große Probleme in Frage gestellt werden. Sogar beim Staat erleben wir es: Mit schöner Regelmäßigkeit wird jedes Jahr über die

Medien für die ganze Nation ein neuer Stichtag für die Abgabe der Steuererklärung bekanntgegeben. Manchmal weniger aus Kulanz als aus Notwendigkeit. Es hieß dann: «Il n'y a plus assez de formulaires de déclaration d'impôts, et il faut en réimprimer!» Quelle qu'en soit la raison, la prolongation des délais est de toute façon une tradition pour le contribuable français qui l'intègre spontanément dans sa planification.

Deutsche können meistens schlecht mit einer Mißachtung der ursprünglichen Planung umgehen und bezeichnen so etwas als Schlamperei oder Nachlässigkeit. Was meinen aber unsere Fachleute dazu? Sie sagen, daß damit eine extreme Flexibilität einhergeht, begleitet von der Fähigkeit, auf unerwartete Ereignisse schneller zu reagieren. Es kann ja nicht alles schlecht sein, was chaotisch ist!

Wenn zwei Wochen 15 Tage sind, ein halbes Jahr sechs Monate und ein Jahr kein Jahr

Als ich vor einigen Jahren meinem deutschen Nachbarn erzählte: Nous partons pour 15 jours en vacances und ihn fragte, ob er sich um die Pflanzen kümmern könnte, runzelte er die Stirn und begann zu rechnen. Ich mußte ihm klarmachen, daß ich mit 15 Tagen zwei ganz normale Wochen meinte. Hätte er gewußt, daß wir für eine Woche *huit jours* sagen, wäre es ihm sicherlich noch bekannt vorgekommen. Aber jetzt schüttelte er den Kopf. Was mochte denn das für ein Volk sein, das nicht nur sieben mit acht gleichstellt, sondern beim Verdoppeln sogar auf 15 kommt?

Diese 15 Tage finden wir wieder in *tous les quinze jours*. Und tun wir etwas nicht nur alle zwei Wochen sondern jeden Tag, jeden zweiten Tag, jeden Montag, jeden Monat, jedes Jahr, dann sind wir *tous* les jours, *tous* les deux jours, *tous* les lundis, *tous* les mois, *tous* les ans tätig.

Für die Liebhaber der Abwechslung empfehle ich folgende Varianten:
Il vient me voir *chaque jour.*
Il vient me voir *un jour sur deux.*
Il vient me voir *une semaine sur deux.*
Il vient me voir *chaque année.*

Wobei *chaque* sich mit keiner Zahl verträgt und von *an* verabscheut, aber von *année* heiß geliebt wird!

Vor kurzem traf ich mich mit einer früheren Kursteilnehmerin, die mir voller Stolz erzählte: «Tu sais, je fais des études en France depuis une demi-année.»

Ich gratulierte ihr und lächelte sie freundlich an, obwohl ihre Aussage für mein empfindliches Ohr sehr überraschend klang. Und um ihr die Freude nicht zu verderben, verbesserte ich für mich im Stillen: *depuis six mois*. Denn, auch wenn wir aus 14 Tagen 15 zaubern können, würden wir nie auf die Idee kommen, aus sechs Monaten ein halbes Jahr zu machen. Genauso würde es uns nicht im Traum einfallen, auf dem Camping-Platz ein Vierteljahr oder ein halbes Jahr, schon gar nicht ein Dreivierteljahr oder gar anderthalb Jahre zu verweilen. Wir tun es viel lieber in folgenden Zeiträumen:
Nous passons *trois, six* ou *neuf mois* au camping.
Nous passons *un an et demi* au camping.

Sie werden vermutlich sagen, daß *trois mois un trimestre* sind und *6 mois un semestre*: Sie haben sicherlich Recht, aber diese Begriffe benützen wir nur für gut abgegrenzte Gebiete wie das Schulsystem oder das Wirtschaftsleben: *pour l'année scolaire, universitaire, fiscale ou commerciale*. Haben sich dieses Jahr die Ergebnisse in den ersten drei Monaten positiv entwickelt, teilen wir mit: «Cette année, les résultats du *premier trimestre* sont très encourageants. Et il ne reste plus qu'à espérer que d'ici la fin de l'année cette tendance se confirmera! Car *trois mois* c'est bien, mais *six mois*, c'est deux fois mieux, *neuf mois* encore mieux et toute une année presque inespéré.»

Bis Ende des Jahres wird sich hoffentlich der Trend bestätigen, denn ein Vierteljahr positiver Ergebnisse ist schön, ein halbes Jahr doppelt so schön, ein Dreivierteljahr noch schöner und ein ganzes Jahr eine große Überraschung.

À propos Jahr, das Thema Jahr – *an* oder *année* – eignet sich hervorragend für penible Fachgespräche, kann jedoch meines Erachtens auch vor Ablauf eines Jahres kurz und schmerzlos abgeschlossen werden. Même s'il reste quelques points d'interrogation, cela ne vaut pas la peine de s'éterniser.

«Grammatiker» verbinden Zeitpunkt mit *an* und Dauer mit *année*:

Elle est morte *à 99 ans*.

Elle a vécu *pendant des années* toute seule.

Der Unterschied ist in diesen Beispielen eindeutig und als Anhaltspunkt deshalb sinnvoll.

Manchmal ist er jedoch für den Normalsterblichen nicht nachvollziehbar. Pourquoi *un an* mais *la première année*?

Mit Zeit und Dauer läßt sich scheinbar doch nicht alles erklären. Die strittigen Wörter führen durchaus ein Eigenleben.

So ist *an* z.B. der «Mathematiker», der eine Vorliebe für die Aufzählung von Zeiträumen oder für feste Ausdrücke zeigt.
Il vient *tous les ans* ou *tous les deux ans*.
Il vient *un an sur deux*.
Il me fait *attendre cent sept ans*.
Qu'est-ce que vous faites pour le *Nouvel An*?

Année ist die «ungenaue Chronistin», die zwar mit Zahlen weniger am Hut hat aber dafür mehr von den Ereignissen eines Jahres geprägt wird: *l'année de son départ, l'année du tremblement de terre*; die vom Jahr spricht, auch wenn sie damit keine zwölf Monate meint: *l'année fiscale, l'année scolaire*. Und schließlich ist sie die «Untreue», die gerne mit einem Adjektiv fremdgeht:

En *quelle* année cela s'est-il passé? *Cette* année. Il lui a souhaité une *Bonne et Heureuse Année* et elle lui a répondu que si *cette nouvelle* année continuait comme elle avait commencé, ce serait sans aucun doute une *année très intéressante*!

Doch in manchen Fällen teilt *année* seine Liebhaber mit *an*. Ob es *l'année dernière* oder *l'an dernier* heißt, *l'année prochaine* oder *l'an prochain*... dies braucht Ihnen keine Kopfschmerzen zu bereiten!

Zum glücklichen Abschluß unserer Auseinandersetzung mit dem Jahr habe ich für Besserwisser, die gerne in die Zukunft blicken, eine gute Nachricht: Laut dem «Dictionnaire des problèmes de la langue française» von Larousse tritt *an* langsam hinter *année* zurück. Wie man also wieder sieht: Eine Sprache zu lernen ist manchmal wirklich eine Frage der Zeit. Man braucht nur auf das natürliche Ausscheiden der Schwierigkeiten zu warten! Und wenn Sie schon warten müssen, greifen Sie doch solange auf die nächsten Übungen zurück.

Et quitte à attendre, passez donc aux prochains exercices!

remettre ses pendules à l'heure: seine Kenntnisse auf den laufenden Stand bringen und sein Verhalten dementsprechend anpassen

au moins: mindestens

par quoi que ce soit: durch was auch immer, egal wodurch

il risque de: er mag

jemandem etwas wärmstens empfehlen: *recommander vivement qc à qn*

in Frage gestellt werden: être remis en question

quelle qu'en soit la raison: aus welchen Gründen auch immer

la prolongation d'un délai: Fristverlängerung

die Steuererklärung: *la déclaration d'impôts*

le contribuable: der Steuerzahler hat als staatlichen Partner das Finanzamt: *l'administration fiscale*, auch *les Impôts* oder *le fisc* genannt. Le fisc est aussi bien accepté en France qu'en Allemagne – à prendre au second degré (im übertragenen Sinne zu verstehen). La seule différence est que là où les Allemands essaient de payer moins d'impôts grâce à leur *conseiller fiscal* – Steuerberater – les Français font le plus souvent appel au fameux *système D*, le *système* de la *Dé*brouille, et ne déclarent pas forcément tous leurs revenus. Das in Frankreich berühmte und oft eingesetzte *Système D* besteht aus einer Reihe «von Selbsthilfe-Maßnahmen», über deren Legalität wenig nachgedacht wird! Man weiß sich halt zu helfen!

attendre 107 ans: eine Ewigkeit warten

et quitte à attendre: und wenn Sie schon warten müssen

Lektüre I

Erster Brief von Claire an Marie

Chère Marie,

Quand je suis arrivée à Stuttgart, je me suis dit qu'en six mois j'allais connaître toute la rue. Tu parles, c'est juste ce qu'il m'a fallu pour savoir qui étaient mes voisins directs.

Les Allemands se lèvent *aux aurores*. Ce matin, je suis exceptionnellement allée *de très bonne heure* à la boulangerie, à sept heures et demie. Je pensais qu'il n'y aurait pas un chat. Elle était pleine à craquer! Pour peu que tu fasses *la grasse matinée*, si tu te lèves *un peu tard*, il se peut que tu n'aies plus de choix, à moins d'avoir passé une commande la veille. Oui, je sais, «L'avenir appartient à ceux qui se lèvent *tôt*.»

Quand tu es invitée, il vaut mieux que tu arrives *avant l'heure* fixée, sinon ils sont déboussolés. Heureusement que dans la famille de Dieter ils ont institutionnalisé pour moi non pas le quart d'heure, mais la demi-heure académique. D'ailleurs, depuis que je fais partie de la famille, ils pensent que tous les Français *sont* toujours *en retard*. Cela dit, j'ai prévenu mes copains que si je les invitais *pour huit heures du soir*, ils seraient bien gentils de ne pas arriver *avant huit heures et quart*. Et ils ont compris.

Bon, pour aujourd'hui je vais te quitter.

Écris-moi *si tu en as le temps*. En espérant que chez toi tout va bien.

À très bientôt

Grosses bises

Claire

Anhang zur Lektüre I

se lever aux aurores: sehr früh aufstehen. L'aurore est le moment juste avant le lever du soleil, lorsque le ciel est tout rose.

de très bonne heure: sehr früh

il n'y a pas un chat: es ist kein Mensch zu sehen

être plein à craquer: proppenvoll sein

faire la grasse matinée: ausschlafen, bis in die Puppen schlafen. Der unterhaltsame Linguist Claude Duneton erwähnt einen Text des XIII. Jahrhunderts, in dem manche Frauen gerne spät ins Bett gehen, unter der Bedingung, daß sie am nächsten Morgen lange in ihrem Bett bleiben können. Dieses Verweilen sollte übrigens den Frauen ermöglichen, ihre Fettpölsterchen zu pflegen bzw. dick und fett zu werden. Das ist eine mögliche Erklärung der «*grasse matinée*».

l'avenir appartient à ceux qui se lèvent tôt: Morgenstund hat Gold im Mund

être déboussolé: aus dem Gleichgewicht gebracht, verwirrt sein

Lektüre II

Ein zweiter Brief von Claire – Ausschnitt

...Les gens d'ici sont très gentils, mais parfois étranges!
Sais-tu quel est le sport national du Bade-Wurtemberg? C'est la Kehrwoche, pour petits ou grands, jeunes ou vieux! En France, presque tout le monde fait du vélo, ici tout le monde balaie: *pas tous les jours*, non! Mais *tous les samedis*! Et si plusieurs familles vivent sous le même toit, elles nettoient *à tour de rôle*: *tous les quinze jours* ou *toutes les trois semaines*. C'est en fonction du nombre de familles.

Le deuxième sport hebdomaire qui est pratiqué ici *le week-end*? C'est le lavage de voiture. C'est passionnant! Il faut voir les queues de voitures aux pompes à essence *le samedi* et les conducteurs et conductrices *attendre 107 ans* en discutant entre eux! Quand je pense que chez nous on lave sa voiture *tous les trente-six du mois*!

Lektüre III

Pauvres Allemands!

Qu'en France les délais sont élastiques, les minutes aussi longues que les heures et l'extrême ponctualité pas toujours très bien vue, ils ont fini par le comprendre... à défaut de l'accepter!

Mais que les Français aient deux mots pour *Jahr, Tag, Morgen* et *Abend*, cela les dépasse totalement: ils choisissent bien souvent entre *l'an – l'année, le jour – la journée, le matin – la matinée, le soir – la soirée* au petit bonheur la chance! Je dirais même qu'ils s'accrochent désespérément à la forme la plus courte en espérant que ce sera la bonne. Et ils se trompent une fois sur deux, car ils oublient que, sauf exceptions, les adjectifs trouvent les *années*, les *journées*, les *matinées* et les *soirées* beaucoup plus *belles*!

Ce qu'ils ont aussi du mal à accepter, c'est que *l'année dernière* ne soit pas *la dernière année*. Faire la différence entre *letztes Jahr* et *das letzte Jahr*, ce n'est pas facile, il faut le reconnaître. Mais dès qu'ils tiennent compte du fait que *l'année dernière* a la même structure que *l'année passée*, un synonyme moins en vogue, ils ont une chance de s'y retrouver!

La différence tient souvent à un tout petit détail...

Formulierungsübungen

I Sagen Sie wann *in Französisch*

1. Er ist letztes Jahr nach Deutschland gekommen.

2. Er will pünktlich sein.

3. Es ist spät oder zu spät.

4. Ist er zu spät?

5. Er arbeitet hier seit einem Jahr.

6. Ich wünsche dir ein gutes und glückliches Jahr 2000.

7. Er kommt immer zu spät.

8. Wir sind oft früher da.

9. Wir gehen immer sehr früh nach Hause.

10. Wir kommen sehr früh an.

II Kommen Sie auf die französischen Ausdrücke mit* an *oder années?

von Jahr zu Jahr:________________________________

in den nächsten Jahren:____________________________

es ist schon sehr viele Jahre her:______________________

unter dem Strich / über die Jahre gesehen:_______________

jahrelang:______________________________________

III Sagen Sie es mir in Deutsch

1. 24 heures sur 24

____

2. Passer le temps à se tourner les pouces.

____

3. Mieux vaut tard que jamais.

____

4. Il n'est jamais trop tard pour bien faire.

____

5. Je m'en moque comme de l'an 40.

____

IV Übersetzung der Lektüre II

V Übersetzung der Lektüre III

Vorschläge zu den Formulierungsübungen

I Sagen Sie mir **wann** *in Französisch*

1. Il est arrivé en Allemagne l'année dernière/l'an dernier.
2. Il veut être à l'heure/ponctuel.
3. Il est tard ou trop tard?
4. Il est en retard.
5. Il travaille ici depuis un an.
6. Je te souhaite une «Bonne et Heureuse Année 2000!»
7. Il arrive toujours trop tard.
8. Nous sommes souvent là plus tôt.
9. Nous rentrons toujours très tôt à la maison.
10. Nous arrivons très tôt/très en avance.

II Kommen Sie auf die französischen Ausdrücke mit **an** *oder années?*

von Jahr zu Jahr: *d'année en année*
in den nächsten Jahren: *dans les années à venir*
es ist schon sehr viele Jahre her: *il y a bien des années*
unter dem Strich / über die Jahre gesehen: *bon an, mal an*
jahrelang: *pendant des années*

III Sagen Sie es in Deutsch

1. 24 heures sur 24: rund um die Uhr
2. Passer le temps à se tourner les pouces: die ganze Zeit Däumchen drehen
3. Mieux vaut tard que jamais: lieber spät als gar nicht
4. Il n'est jamais trop tard pour bien faire: es ist nie zu spät (etwas zu tun)
5. Je m'en moque comme de l'an 40: es ist mir piepegal

IV Übersetzung der Lektüre II

Die Leute hier sind sehr nett, aber manchmal seltsam!

Weißt Du, was der Nationalsport Baden-Württembergs ist? Die Kehrwoche, für Kleine und Große, Junge und Ältere! In Frankreich fährt fast jeder Rad, hier fegen alle. Nicht jeden Tag, nein, aber jeden Samstag! Und wenn mehrere Familien unter einem Dach wohnen, putzen sie der Reihe nach, jede zweite oder dritte Woche, das hängt von der Anzahl der Parteien ab.

Die zweite wöchentliche Sportart, die hier auch am Samstag betrieben wird, ist das Autowaschen. Das ist sehr spannend! Man muß die Autoschlangen vor den Waschanlagen gesehen haben und die Autofahrer und -fahrerinnen, die in ein Gespräch verwickelt sind und eine Ewigkeit warten! Wenn ich bedenke, daß bei uns das Auto höchstens alle Schaltjahre gewaschen wird!

V Übersetzung der Lektüre III

Arme Deutsche!

Daß in Frankreich Fristen dehnbar sind, Minuten so lang wie Stunden und Pünktlichkeit auf die Minute nicht gern gesehen wird, das haben sie endlich begriffen... wenn auch, ohne es zu akzeptieren!

Aber, daß Franzosen zwei Wörter für Jahr, Tag, Morgen und Abend haben, das können sie nicht fassen und sie wählen öfter auf gut Glück zwischen l'an – l'année, le jour – la journée, le matin – la matinée, le soir – la soirée. Ich möchte sogar behaupten, daß sie sich verzweifelt an die kürzeste Form klammern, in der Hoffnung, diese sei die richtige. Und sie irren zu fünfzig Prozent. Denn sie vergessen dabei, daß – von Ausnahmen abgesehen – Adjektive die Jahre und Tage und Abende, als années, journées, matinées und soirées, viel schöner finden.

Außerdem können sie nur schwer akzeptieren, daß *l'année dernière* und *la dernière année* nicht dasselbe sind. *Letztes Jahr* vom *das letzte Jahr* zu unterscheiden, es ist nicht einfach, das muß man zugeben. Aber sobald sie berücksichtigen, daß *l'année dernière* die gleiche Struktur wie das nicht so moderne *l'année passée* hat, dann können sie wissen, wo sie stehen.

Oft ist es nur der kleine Unterschied...

Epilogue

Nous aimer ou nous comprendre?

Des faux-amis à la perception française du temps, vous voilà parvenus au terme de votre voyage!

A chaque étape vous avez retrouvé ce que le français avait de si différent, de si étrange et de si difficile. Peut-être vous serez-vous reconnus, non sans sourire, dans les situations évoquées, dans les portaits brossés.

La langue étant l'âme d'un peuple, qui sont donc les Français? Ce sont des amoureux de cette langue qui a, en Allemagne, la réputation d'être si belle et si difficile, cette langue avec laquelle ils prennent beaucoup de liberté à l'oral, mais dont ils respectent les exigences à l'écrit. Si l'on en croit un journaliste français: «Les Français sont aussi un peuple de prétentieux, un peuple fier, persuadé d'être le seul à dominer les arts et la cuisine, car ils font l'amour quand d'autres se reproduisent et savent manger quand d'autres se nourrissent.» Cette fierté et ce sentiment de supériorité, si étonnants pour les Allemands, sont paraît-il le fruit d'un héritage littéraire et politique. Faisant écho à Voltaire et Rivarol, les auteurs et philosophes français ne clament-ils pas depuis des siècles que: «Les Français sont les gens les plus intelligents de la terre» ou que «ce qui n'est pas clair, n'est pas français»? Comment dans ces conditions garder les pieds sur terre? Au pays de «L'Esprit des Lois», on ne redoute pourtant pas les contradictions et ce peuple fait du «système D» un mode de fonctionnement quotidien.

Bref, il déroute de nombreux étrangers par sa façon de penser et d'agir, tout comme sa langue déroute par ses caractéristiques. Habitué à ce qu'elle soit parlée dans le monde entier, il est plutôt réfractaire aux langues étrangères, en particulier à l'anglais qu'il n'emploie qu'en cas d'absolue nécessité – ce que vous n'aurez pas manqué de constater...

Aux nombreux étrangers qui viennent en France, certains conseillent de choisir entre aimer les Français ou les comprendre. À nos lecteurs je dirai: «avec votre bagage linguistique actuel, ne vous contentez pas pas de nous comprendre, mais faites-vous comprendre, sans oublier de nous aimer.»

C'est toute la différence...

Epilog

Uns lieben oder uns verstehen?

Von den falschen Freunden bis zur französischen Zeitauffassung hat Sie jetzt Ihre Reise geführt!

Bei jeder Etappe haben Sie neu erleben dürfen, was im Französischen so anders, so komisch, so schwer ist. Vielleicht haben Sie sich in diesen Situationen und den dort auftretenden Personen schmunzelnd selbst wiedererkannt.

Wenn die Sprache die Seele der Menschen widerspiegelt, wer sind dann die Franzosen, deren Sprache den Ruf hat, so schön und zugleich so schwierig zu sein? Sie sind die Liebhaber ihrer eigenen Sprache – mit der sie in gesprochener Form sehr frei umgehen, deren Konventionen sie aber in geschriebener Form beachten. Folgt man einem französischen Journalisten, «sind die Franzosen überheblich, stolz und überzeugt, die einzigen zu sein, die Künste und Küche beherrschen, da sie *Liebe machen*, während andere *sich vermehren, speisen*, während andere *ihren Hunger stillen.*» Diesen manche Deutsche irritierenden Stolz und diese Überheblichkeit, sollte man aus dem literarischen und politischen Erbe heraus verstehen. Seit Voltaire und Rivarol werden unsere Philosophen nicht müde, deren Worte zu wiederholen, daß nämlich «Franzosen die intelligentesten Menschen auf der Welt sind» oder, daß «was nicht klar ist, nicht französisch sein kann». Wie kann man unter diesen Bedingungen auf dem Teppich bleiben? Im Lande des «L'Esprit des Lois» Montesquieus, ein Werk, das sich stark mit der Rechtsphilosophie des Staates auseinandersetzt, bedeutet es für die Franzosen keinen Widerspruch, ihr «système D» zur Lebensphilosophie zu erheben.

Ihr Denken und Handeln verwirrt viele Ausländer ebenso wie ihre Sprache. Daran gewöhnt, daß ihre geliebte Sprache weltweit gesprochen wird, bleiben den Franzosen die Fremdsprachen fremd, vor allem Englisch, eine Sprache, die nur im Notfall gesprochen wird, wie Sie sicherlich schon feststellen konnten...

Den zahlreichen Ausländern in Frankreich wird manchmal geraten, die Franzosen zu lieben oder sie zu verstehen. Wir jedoch empfehlen Ihnen – als frischgebackenem Besserwisser – zu versuchen, die Franzosen nicht nur zu verstehen, sondern sich ihnen verständlich zu machen... ohne zu vergessen, sie zu lieben.

Und das macht schon den kleinen Unterschied...

Verzeichnis der erläuterten Vokabeln und Ausdrücke

D

J

L

M

N

O

P

Q

R

S

Verzeichnis der erläuterten Elemente der Grammatik

K

M

T

Index der Lektüren

Zum weiteren Selbst-Studium der französischen Un-Tugenden

Wer durch die Lektüre dieses Buches Lust bekommen hat, sich gründlich mit der französischen Grammatik auseinanderzusetzen, dem sei empfohlen, sich die Mentorlernhilfe Ça alors anzueignen. Er/sie wird von der Einfachheit und Klarheit der Darstellungen und Übungen begeistert sein. Wer sich wieder eingehender mit anspruchsvoller Grammatik beschäftigen möchte, dem sei empfohlen, in der übersichtlichen Grammaire explicative von Jean-Paul Confais nachzulesen. Eine ausführliche Grammatik des heutigen Französisch von Hans-Wilhelm Klein und Hartmut Kleineidam mag Ihnen ebenso beim Aufspüren und über die Stolpersteine auf dem Weg zum perfekten Französisch weiterhelfen.

«Dem Volk aufs Maul schauen» macht Spaß mit La puce à l'oreille von Claude Duneton oder mit Französisch wie es nicht im Wörterbuch steht von Paul Medina.

Für diejenigen Leser unter Ihnen, die im Original nachlesen möchten, seien hier die zweisprachig aufgeführten Gedichte und Chansons von Jacques Prévert genannt.

Mit Renaud lernen Sie einen weiteren Meister des Chanson kennen oder wiederentdecken, wenn Sie sich auf das Buch Mistral gagnant, Chansons et dessins einlassen wollen.

Inwieweit Sie die Franzosen pauschal beurteilen oder einzelne Sympathien hegen und pflegen, bleibt selbstverständlich Ihnen überlassen. Nelly Mauchamp möchten wir Ihnen hier gerne empfehlen, die in Les Français Mentalités et comportements sich nicht mit Vorurteilen abgibt, sondern uns mit einem abwechslungsreichen, fundierten Wissen in französischer Sprachen informiert und unterhält.

Nachdem wir uns während der Arbeit an diesem Manuskript durchaus in unserer Zeitauffassung nähergekommen sind, machen wir keinen Hehl daraus, daß uns das 1 x 1 des Zeitmanagement von Lothar J. Seiwert dabei geholfen hat.

Literatur

Confais, Jean-Paul: Grammaire explicative, Schwerpunkte der französischen Grammatik für Leistungskurs und Studium, Hueber Verlag, München, 1. Auflage

Duneton, Claude: La puce à l'oreille, Anthologie des expressions populaires avec leur origine, 1978 Stock

Grevisse, Maurice: Le Francais Correct, Guide Pratique, Editions J. Duculot, S.A., GEMBOUX 1973

Klein, Hans-Wilhelm und Kleineidam Hartmut: Grammatik des heutigen Französisch, Klett Verlag Stuttgart

Mauchamp, Nelly: Les Français Mentalités et comportements, CLE international, Paris

Medina, Paul: Französisch wie es nicht im Wörterbuch steht., Bastei-Lübbe-Verlag

Mentor Lernhilfe Französisch, Ça alors 1-4, Mentor Verlag München, in Zusammenarbeit mit Langenscheidt

Prévert, Jacques: Gedichte und Chansons, Rowohlt-Taschenbuch Verlag, 1971

Renaud: Mistral gagnant, Chansons et dessins, Éditions du Seuil, Paris 1985

Seiwert, Lothar J.: Das 1 x 1 des Zeitmanagement, GABAL, 15.

Spanisch für Besserwisser von G. Aparicio

Band I: Was den Deutschen am Spanischen spanisch vorkommt.

G. Aparicio wirft einen ebenso vergnüglichen wie scharfsinnigen Blick auf die Lieblingsfehler der Deutschen und klärt, warum diesen so manches am Spanischen spanisch vorkommt. Mit zielsicherem Instinkt warnt Aparicio vor Fallen, die auf den unwissenden Anfänger lauern: Warum wird man gegenüber Muttersprachlern mit dem einfachen Satz «Yo recibo un niño» für Erheiterung oder Verwunderung sorgen?
216 Seiten, broschiert, illustriert von Marlene Pohle,
ISBN 3-89657-391-9

Band II: Spanische Dörfer

Der zweite Band schließt sowohl im Konzept als auch im Aufbau an den ersten an und richtet sich an Spanischlerner, die typisch deutsche Fehlerquellen vermeiden möchten. Ist der vorhergehende Band stärker auf grammatische Phänomene des Spanischen konzentriert, so stehen in «Spanische Dörfer» die idiomatischen Wendungen im Mittelpunkt.
2. Aufl., 240 Seiten, broschiert, ISBN 3-89657-302-0

Band III: Heimat-Sprache

In «Heimat–Sprache» widmet sich Aparicio u.a. dem «subjuntivo», der selbst fortgeschrittenen Besserwissern oft als Buch mit sieben Siegeln erscheint.
Inhalt: I. Curiosidades / II. Ein feines Gefühl / III. Das ist meine Frau. - Este, ese, aquel, esta, esa, aquella... / IV. Al amanecer se marcha el tren... – Im Dschungel der Zeitangaben / V. Ich bin überfordert oder Wenn die Lexika versagen / VI. El talante subjuntivo / VII. Futuribles e imposibles / VIII. Subjuntivo. Färbungen und Schwingungen / IX. Subjuntivo. Zukunftsmusik.
240 Seiten, broschiert, illustriert von Marlene Pohle,
ISBN 3-89657-396-9

Band IV: Des Esels Heimat
Wußten Sie schon, daß Freitag, der 13. in Spanien Dienstag, der 13. ist? Daß spanische Katzen in der Nacht nicht grau, sondern allesamt dunkelbraun sind? Rund 200 «refranes» nimmt sich Aparicio vor, spickt seine Erläuterungen mit Anekdoten und interkulturellen Vergleichen und fördert dabei oftmals Heiter-Kurioses zutage.
256 Seiten, broschiert, ISBN 3-89657-397-7

Band V: Der Teufel im Detail
Manchmal ist es der sprichwörtliche Teufel im Detail, der selbst dem fortgeschrittenen Besserwisser noch Kopfzerbrechen bereitet. Für fortgeschrittene Besserwisser, die sich auch mit den verzwicktesten Details der spanischen Sprache vertraut machen wollen!
208 Seiten, broschiert, ISBN 3-89657-389-6

Band VI: Poesía eres tú – Wenn Sprache sich verdichtet
Mit einer Reise in die Welt der «verdichteten Sprache» schließt die «Spanisch für Besserwisser»-Reihe ab. Bewußt subjektiv stellt G. Aparicio klassische und weniger klassische Autoren der hispanischen Dichtung vor – dabei reicht der Bogen vom 14. bis zum 20. Jahrhundert.
240 Seiten, broschiert, ISBN 3-89657-388-8

Die Geschenkidee
Spanisch für Besserwisser Bd. 1-6
Die Gesamtedition in Geschenkkassette, ergänzt durch ein ausführliches Gesamtregister.
ISBN3-89657-384-5

Das Gesamtregister ist auch einzeln erhältlich:
32 Seiten, geheftet
ISBN 3-89657-383-7

Renate Ginocchio und Maria Adel Tondi

Italienisch für Besserwisser

«Italienisch für Besserwisser» faßt in lockerer und humorvoller Form die Feinheiten der italienischen Sprache zusammen und macht Italienischlernende auf typische Fehler aufmerksam.

Von der Aussprache über die Betonung, die Artikel und Pluralformen bis zu den verhexten Präpositionen wird all das genauer unter die Lupe genommen, was Besserwisser richtig machen wollen. Aber schon allein die Aussprache bietet genügend Stolperfallen. So haben die Deutschen mit den Buchstabenkombinationen au, eu und uo regelmäßig Probleme und die Aussprache des Namens Paolo läßt ItalienerInnen immer wieder die Haare zu Berge stehen.

Damit das ganze auch im übernächsten Urlaub noch präsent ist, gibt es jede Menge Grammatikübungen und Formulierungsaufgaben mit den entsprechenden Lösungsvorschlägen.

176 Seiten, 12.80 EUR., broschiert, illustriert von Marlene Pohle, ISBN 3-89657-377-2

Rainer H. Berthelmann

Russisch für Besserwisser

Rainer H. Berthelmann hat ein für Anfänger sowie Fortgeschrittene nützliches Buch über Rußland und seine Sprache verfaßt. Es vereint in unterhaltsamer Art und Weise unter anderem landeskundliche Informationen, Erklärungen zum Kyrillischen Alphabet, Kochrezepte, Sprichwörter, Tipps zur Aussprache.

So urteilt die Presse:

Überraschend ist die Sichtweise des Autors auf so manche Besonderheit des Landes, seiner Bewohner und ihrer Sprache. Der Wissensdurstige findet landeskundliche Leckerbissen ebenso wie kurzweilige etymologische Erläuterungen und grammatische Erklärungen, und das, ohne das Wort Grammatik auch nur zu erwähnen. Praxisjournal Buch, Juni 2006

272 Seiten, broschiert, ill., 14.80 EUR, ISBN 3-89657-375-6